名将の教え

陸上競技

スプリント力を高める
北村肇メソッド

著 北村肇
元・中京大中京高校陸上競技部監督
現・日本福祉大学陸上競技部監督

ベースボール・マガジン社

はじめに

１９８２年にベースボール・マガジン社から刊行されたG・シュモリンスキー編『ドイツ民主共和国の陸上競技教程』にはこう示されています。

「陸上競技の目的と課題を実現するために、一番重要な手段は身体の運動である。技術的な、そして専門的な身体準備のためには、各々の陸上競技種目、または同系統の種目の身体運動がまず用いられる」

私が大学生のときに当時の東ドイツ陸上の強さの秘密として４８００円で入手した本です。ここで示されている「身体の運動」は現在でいうと「トレーニング」であり、私が提唱する機能改善に通じるものです。

機能改善にはバランス、柔軟性、体幹力、接地が大きな要素であることを本書で紹介していますが、直立姿勢を安定して保持する能力（直立能力）を定量的に評価する学問はスタシオロジー(Stasiology)と名づけられ、「身体静止学」とも呼ばれます。

「その場でできないこと（動作）は動くと（重心移動）もっとできない」、さらに「トレーニング中、動作中はドローインして息を止めるな」は私が強調しているトレーニング指導です。

足裏博士として知られる神経生理学の故平澤彌一郎教授は50年間で40万人以上の足裏を観察しました。その中にはローマオリンピックのマラソンを裸足で走り、金メダルを獲得したエチオピアのアベベ・ビキラ選手もいました。百歳の双子の姉妹きんさん・ぎんさんの長寿の秘訣も探ったそうです。

平澤教授は次のテストもしています。息を大きく吸いこんで、少し出してぐっと息を止める。苦しい状況にどれだけ耐えられるかをチェックする「息こらえテスト」です。大学の新入生に実施したところ、東大生の平均が63秒、ほかはいずれも50秒台でした。東大生は群を抜く頑張りがあることが証明されました。

また、エリート官僚で同様のテストを実施したところ、ほぼ全員が60秒台だったそうです。頑張りとは精神的持久力と肉体的持久力の和で「口先だけで頑張ろうと言っても、気持ちの張りには限度がある」というのが平澤先生の持論。「肉体の持久力がなければ続かない。息こらえはその両方をつないで頑張る気力を養う」とのことです。

私の指導は頑張らなくても自然と体が動く状態をつくりあげること。息を止めて頑張って力を入れるのではなく、呼吸をしながら体幹に力が入り緩むことでスピードが上がる状況をトレーニングのなかで体験し、それを習慣化させること。そのためには繰り返し同じ動作を続け、体に無意識有能な状況をつくりあげることです。

しかしそれに至るには頑張りが必要です。息こらえが続かない人は自己防衛本能が早く開始するものと考えます。腕振りで横に振る走りも、力を逃がす自己防衛本能の働きです。トレーニングにより地面からの反発、衝撃を受け止める体幹力が増すと防衛本能に打ち勝つことができ、スピードを上げることになります。スピードとは反発・衝撃との対峙です。

本書ではこのトレーニングの心理的に苦しい状況に耐えて成果を上げてくれた3人の選手がモデルになっています。これらの選手が持つ一番の特長は、機能改善のための地道なトレーニングを反復して体を改善できる素質を有していることです。きれいな、美しい、速い動きを目指しましょう。

２０２５年2月　北村　肇

CONTENTS

NISHI

CONTENTS

8章 ハードルドリル&ハードルヒップジョイント

デザイン／有限会社ライトハウス（黄川田洋志、井上奈菜美）
写真／川口邦洋、ベースボール・マガジン社
編集／石井安里、佐久間一彦
編集協力／牧野豊

ドリルページの見方

本書では数多くのドリルを掲載し、写真や図、アイコンを用いてわかりやすく説明しています。写真や図を見るだけでもトレーニングを始められますが、メニューの目的を理解して取り組むことでより効果を得ることができます。

〈目的と回数〉

そのメニューに取り組む目的と、どのくらい行えばいいのか目安となる回数を掲載。

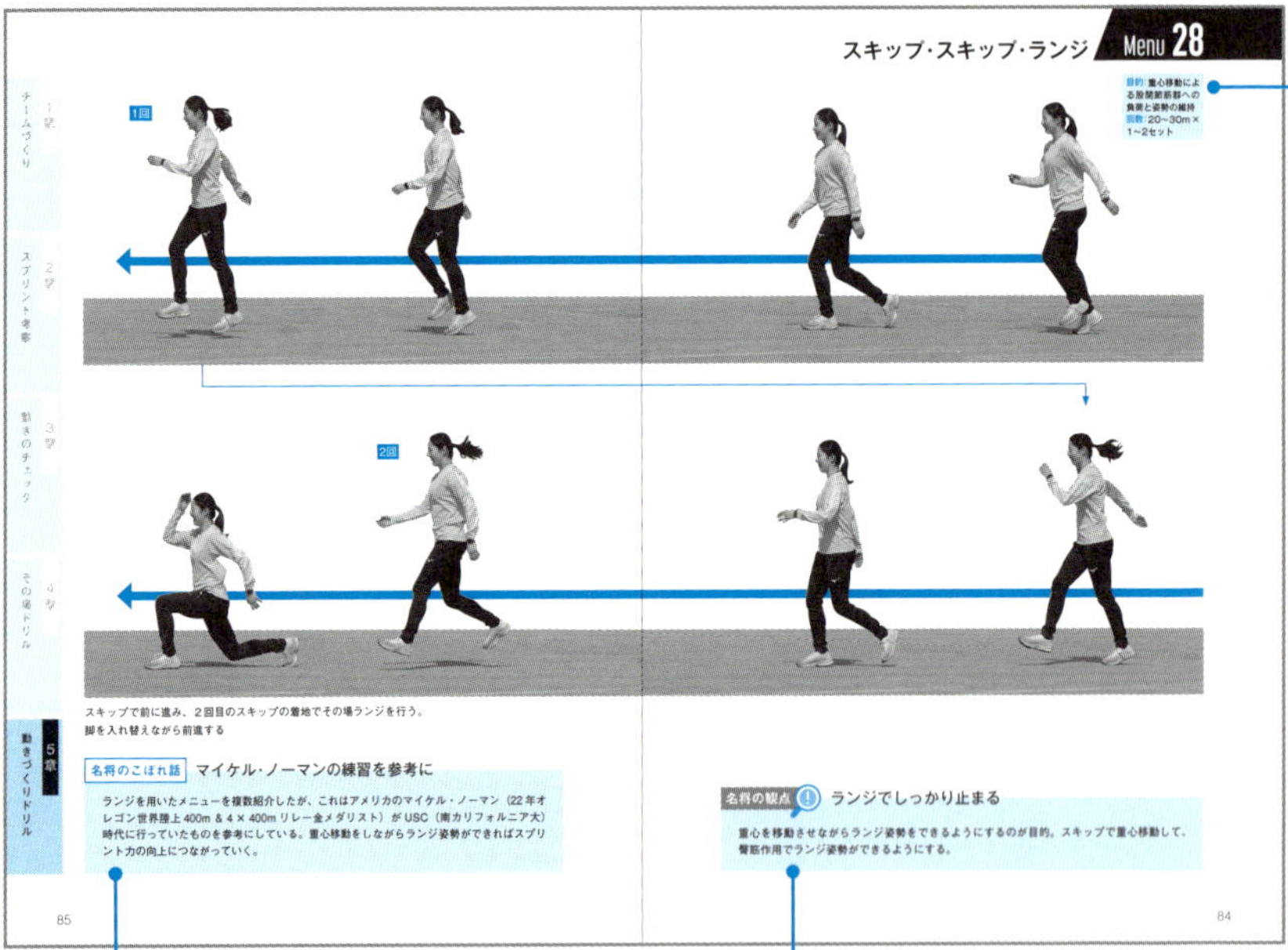

〈名将のこぼれ話〉

豊富な指導経験を持つ名将が知る、トレーニングにまつわるこぼれ話を紹介。

〈名将の観点〉

そのメニューを実施するうえでのポイントや注意したいことなどを解説。

Level-up

左右交互に

脚を左右入れ替えながら、スプリット・ジャンプを連続で行う。脚を入れ替える際にバランスを崩さずに、着地位置が動かないようにする。

〈Level-Up〉

紹介したメニューをより高いレベル、強度で行う方法の説明。

1章

チームづくり

勝てるチーム、競技会で結果を出せるチームをつくっていくためには
ただ練習をこなすだけではいけない。競技への取り組み方だけでなく、
日ごろの生活への取り組み方や、意識の持ち方も大事になってくる。

1

チームづくりの骨格

名将の教え

あいさつ、基本的生活習慣と学習の確立をする

よいチームをつくるには、指導者が選手をどのように導いていくか、そして選手がその教えをどう実践していくのかが重要である。

チームづくりの骨格には、いくつかの要素が挙げられる。まずはあいさつだ。アスリートである以前に、一人の人間としてあいさつは基本。日常生活で当たり前のことができなければ、競技においても当たり前のことができない選手になる。人として当然のこととして、あいさつはしっかりできなければいけない。

あいさつをするといっても形式的に、ただ口にすればいいというわけではない。自分の体と心を相手に向けてあいさつや返事をすることが、最も大切である。

次に生活習慣。アスリートとして、生活面で重視すべきは睡眠と食事だ。夜は寝るための時間だと考えよう。「寝る子は育つ」ということわざがあるように、ジュニア期の選手は十分な睡眠時間を確保することが成長ホルモンの分泌につながる。

そして、食事は体をつくる源であり、よい食生活がやる気や行動力を生むものだ。私の前

任校である中京大中京高には専属のスポーツ管理栄養士がおり、週1回の指導と、講習会の開催で栄養に関するアドバイスをしてもらっている。また、大会遠征にも帯同し、期間中の摂取食品の指導とラウンド間のエネルギー補給、ドリンクの提供、さらに宿泊先の食事内容を事前に入手してホテルスタッフに要望を打診している。

　練習時間が比較的短い日はいいが、3〜4時間かけて練習する日には必ず補助食を持参する。高校生の場合、平日は昼食をとったあと、午後の授業やホームルームを経て、18時過ぎまで部活動を行うのが一般的だ。その間、何も食べずにいれば、練習中にエネルギー切れを起こしてしまう。部活動にはドリンクボトルと補助食を携帯し、練習中に飲んで食べる。夏場の水分補給は当然のことだが、栄養を補給しながらトレーニングする習慣を身につけよう。練習が終わってから30分以内に、おにぎりやパン、バナナなどを食べて糖質を摂取することが疲労回復に役立つといわれているが、部活動では下校の都合もあり、現実的には難しい。その分、なるべく練習中に空腹状態をつくらないようにする。

　もう一点、学生である以上は学習面を疎かにしないこと。学習力は競技力とも連動する。学習で使う脳も、練習で使う脳も同じで、体は脳によって動かされている。

　学力も重要だが、それ以上に国語力が求められると、私は考えている。私はよく、「頭のよい選手になれ」と伝えてきた。頭のよい選手とは、勉強ができる選手という意味ではなく、「頭の使い方が上手な選手」である。語彙力、文章力、読解力を身につけ、自分の言葉で表現できるようになってほしい。人にいわれたことを理解して、行動に移せるかどうかは国語力にもつながるし、理解力は語彙力にも通じるのだ。

名将の教え

「気」は心の力。先を読んで、ポジティブに

あらゆる場面で、「気」の一文字がアスリートの精神に、そして競技生活に影響を及ぼすと、私は考えている。相手に対する気遣い、自分自身を大切にする気持ち、向上心など、「気」はアスリートにとって非常に重要だ。

まずは、「気」がつく人になること。チームという組織において、自分のことしか考えられない人には余裕がない。言われてから行動するようでは遅い。先を読んで、すぐに行動できる選手になろう。

人間の行動を決めるのは「気」である。気持ちが前を向いていれば、体はどんどん進む。提出物をすぐに出す、といった日常の小さなことでも、思い立ったらすぐに動く。なんでも先送りにするのはよくない。直感でもいいから、必要だと思ったら即、行動に移すべきだ。

「気」は心の力でもある。心のなかで思っていることは体に表れる。やる気がない、弱気になるといったネガティブな部分があれば、体や表情に出るもの。私は選手たちに対し、練習中にネガティブな言葉を使うことを禁じてきたし、私自身も否定的な言葉を使わず、ポジティブな言葉で声がけをしてきた。練習中に「きつい」、「辛い」といった言葉を発したり、それらの感情を表に出したり、また走り終わったあとに倒れ込んだり、手を膝に置いたりして苦しそうにすれば、周囲にも悪影響を与えてしまう。脳がマイナス思考にならないようにしよう。

ポジティブな言葉

- 頑張るぞ
- やるぞ
- できるぞ

ネガティブな言葉

- 疲れた
- ダメだ
- 嫌だ

ポジティブな行動

- 人より先に動く
- 疲れていても前を向く

ネガティブな行動

- ダラダラ動く
- 下を向いて疲れた様子を見せる

勝負脳を鍛えることも、アスリートには必要だ。勝負とは、必ずしも勝つことが目的ではない。自己記録の更新にこだわり、その達成に向けて全力を尽くせばよい。自分に勝つ。自分を信じる。自分のよさを生かす。指導者や仲間を信頼し、最後まで迷わず、あきらめずに努力することが大事なのだ。

陸上競技に限らず、スポーツで成功している人々の共通点から学ぶのもよい。では成功する人とはどんな人なのか？

成功する選手は創造力と鋭い感性を持ち、先を読んで行動する判断力と決断力に長けている。指導者の指示待ちではなく、自分で考えることができ、自分の意思で判断、決断できる人は成功をつかみやすい。

自分の能力や性格をよく理解し、計画性を持って目標に向かっていくことができる人も、成功への道を進めるタイプといえる。また、常に現状に満足することなく情熱を燃やし、強い意思と忍耐力で高みを目指す人。失敗しても、それを糧に成功へと結びつけるのが、真のトップアスリートだといえるだろう。

そして、成功する選手は「反射力」が高い。一番先に手を挙げて質問する。意見を求められたときに一番に挙手する。考えて行動するのもよいが、理屈で考えずに反射的に動けるようになろう。レースでは脳が動いたあとに、体が動くことはない。誰しもレースではまず体が動くように、考えて動くことはできないのだ。このように体が勝手に動く状態を、アスリートの世界では「ゾーンに入る」という。「反射力」という言葉は、ジュニア期の選手が日ごろの競技生活で耳にする機会はあまり多くないかもしれないが、この反射力によって勝負が決まるといっても過言ではない。

反射力が高い選手は、間違いを恐れないし、言い訳もしない。反射力はやる気とも連動している。例えば、レース後にコーチへの報告をすぐに行う。インタビューに答えるときや人に何かを聞かれたときに、「そうですね」という一言を挟まない、といったことも、一種の反射力である。

反射力を高めるためにも、体験を重ねよう。いつも同じことを繰り返す人と、新たなことに挑戦する人との間には、大きな違いが生じる。昨日を変えた人は、今日も明日も変えていける。どんなに知識があっても、実際の体験にはかなわないのだ。

名将の教え

トレーニングは工夫次第。限られた時間で意味のある練習を

皆さんは、日々の練習にどのような思いで臨んでいるだろうか。練習を頑張れば強くなると信じ込んでいる選手は多いが、それは大きな誤解である。あなたが取り組んでいる練習が、走りが遅くなる、あるいは動きが悪くなるような練習なら、どんなに頑張っても意味がない。速く走るためには正しい観点で練習をすることが最も重要だと、私は考えている。

陸上競技に限ったことではないが、今は全国各地、どの学校もほぼ同じような練習をしている。**練習内容に大差がないのに、成果に差が出るのは、トレーニングに対する観点が違うからだ。**その練習がプラスになるかどうか、**観点が違えば、同じようなことをやっていてもまったく異なる成果を生み出す。**これをやったら絶対に速くなる、という究極のトレーニン

グは存在しないのだが、自分の目標を達成するためにはどうすればよいか考え、工夫をする。トレーニングには、とにかく工夫が大切だ。

そして、なぜその練習をするのか、その練習でどんな成果を得られるのか、しっかり理解して取り組まなくてはならない。効果を体感できなければ、成長はない。１日は24時間、１年は３６５日しかなく、競技人生には限りがある。競技力向上は、時間という制限との戦いであることを忘れないようにしよう。

アスリートは、故障のリスクと隣り合わせでもある。故障というのは、何か突発的なことが起こった場合は別として、自分の体と対話ができていないから発生すると考えられる。選手としては、自分の体がどういう状態なのかを把握しておくことが、故障しないための最善の策であり、指導者は選手が故障しない状況を整えることが何より大切だ。

それでも故障してしまったら、その原因を正確に解明することが先決である。決して焦らずに、ほかの部位を強化できるチャンスだと前向きにとらえよう。故障した部位を使わないトレーニングを考案、提示することは指導者の役割でもある。大きな故障になるほど、回復、治癒に時間を要することから、長期的なケアが必要になるし、練習できない状態がいつまで続くのか、ある程度は明確にしておかなければならない。それによって目標とする大会が変わる可能性もあるし、例えばインターハイ路線を断念しなくてはならないのなら、次の目標をどの大会に据えるのか、選手と指導者は入念に対話して前に進んでいくべきだろう。

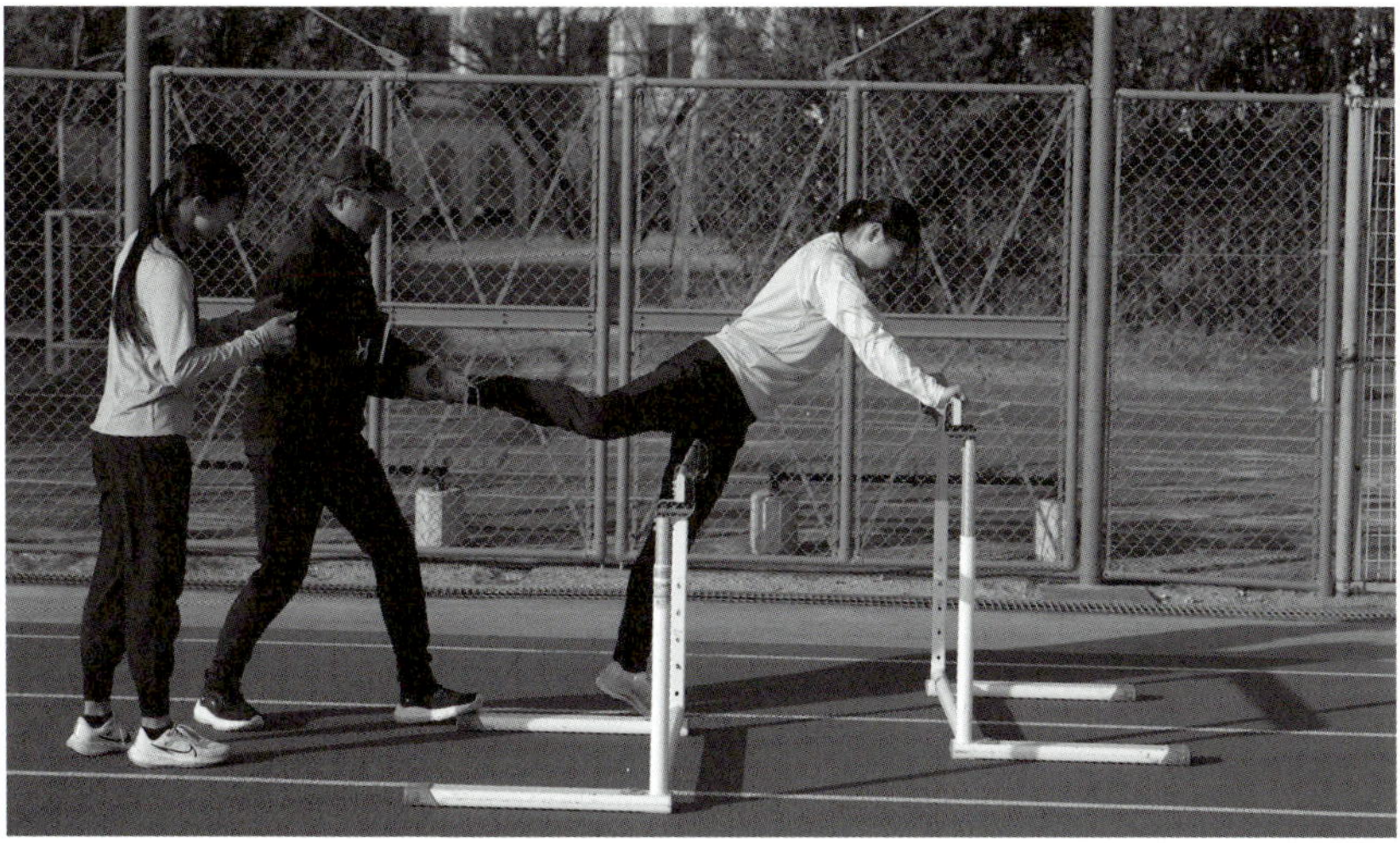

トレーニングは考えて目的を持って行う

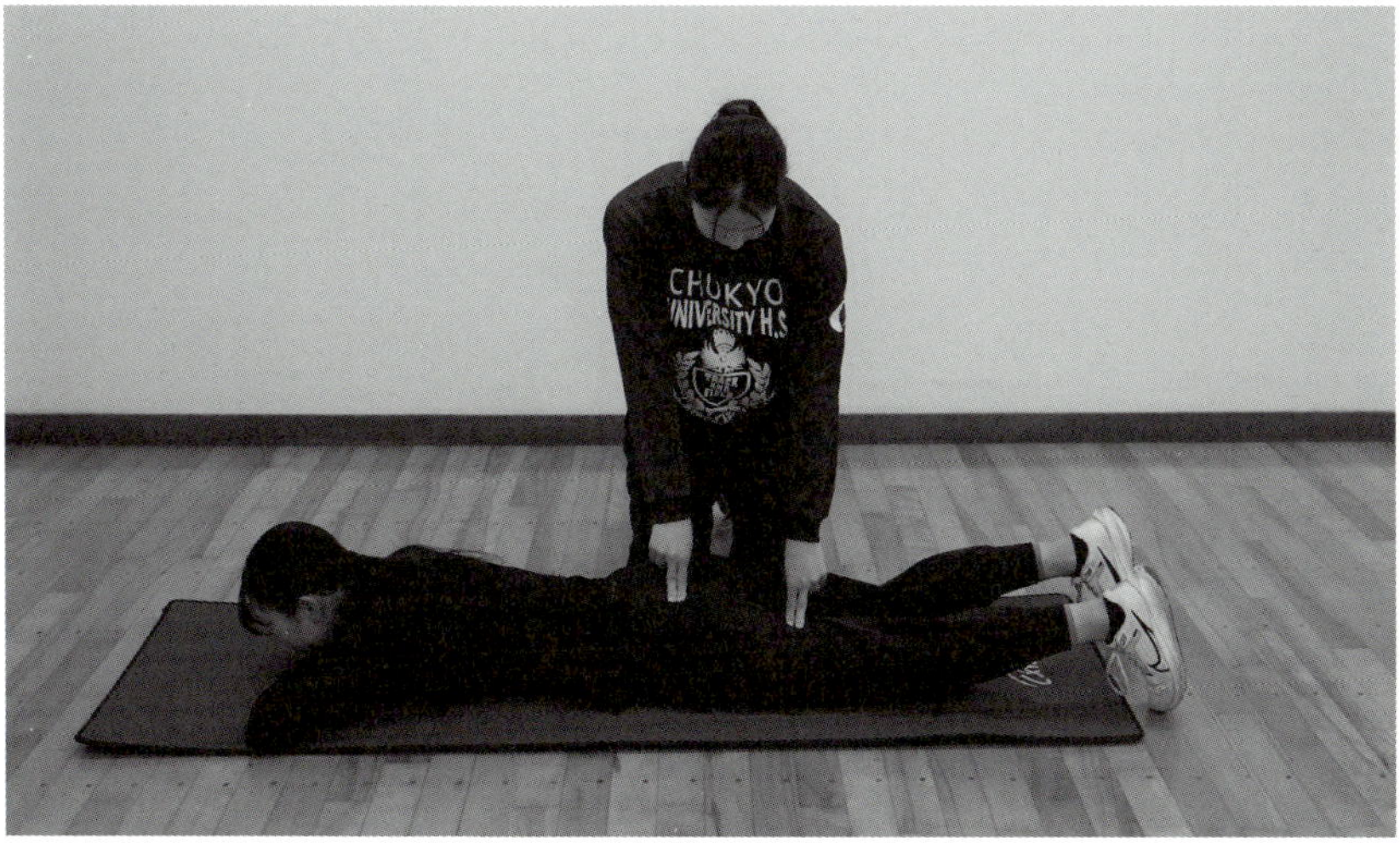

ケガをしないための体のチェックも大事

2

競技会で結果を出せるチームづくり

名将の教え

チーム内での役割分担を明確化する

日々の練習で培った最大スピードを発揮する場が、競技会である。日本では近年、公式戦以外の記録会も非常に多く開催されており、選手は競技会に出場できる機会、記録を出すチャンスに恵まれている。

私は中京大中京高の監督時代から、シーズン中はなるべく多くの競技会、記録会に選手たちを出場させてきた。練習をたくさんこなしたという自信より、試合で体感するスピードのほうが、圧倒的に競技力向上に効果があるものだ。

競技会によって何を目的にするかを定めておくことも大事。最大スピードを出す練習という位置づけの競技会もあれば、タイトルを争う競技会もあるので、練習計画はその都度、調整する必要がある。

また、どの競技会に合わせるのか、どこで記録を狙うのかは選手によって異なるので、そこでも個々に応じた調整が必要になる。競技会で最大スピードを出す分、普段の練習で負荷がかかる練習を減らせば、故障のリスクも軽減できる。競技会で結果を出すためのマネジメントも指導者には求められる。

競技会当日の食事も結果を左右する要因の一つとなる。特に陸上競技は予選、準決勝、決勝とラウンドを重ねる種目が多いので、朝食、ウォーミングアップ後の栄養補給、レースの合間の栄養補給が重要になる。遠征先で弁当を注文するチームもあるようだが、競技場や宿舎の周辺にあるコンビニエンスストアやスーパーで、自分の体に適した食べ物、飲み物を選択することが最適だ。

また、競技会ではチーム内での役割分担を明確にすべきである。競技会は出場する選手だけの場ではない。部員全員がなんらかの役割を担わなければ、チームで戦うことはできない。動画撮影、記録の確認、ラップやタッチダウンのタイム計測、跳躍選手への踏切足の情報提供、買い出し、付き添い、競技運営補助員など、サポートの部員がやるべきことはたくさんあるのだ。

中京大中京高では3位入賞、または8位入賞で表彰される選手がいれば、表彰式の際には部員たちがメインスタンド側のベストポジションに陣取っている。入賞した選手をみんなで祝福する意を示すだけでなく、チーム全員で勝ち取った勝利だという意識を持つためである。常に頂点を目指すことがチーム全員の共通認識として定着しており、県大会や東海大会であっても、総合優勝を果たしたときにはチームの誇りとして全員で記念撮影を行う。さらには、周囲への感謝を忘れないよう、競技会の翌朝にはクラス担任や各教科担当の先生へのあいさつ、報告を徹底してきた。

名将の教え

インターハイは最高の晴れ舞台。万全の準備で自己新を目指す

高校生アスリートにとって、インターハイは最高の晴れ舞台である。1年間の練習は、すべてこの5日間のためにあるのだから、しっかり調整し、万全の状態で本番を迎えなくてはならない。

もちろんサポート部員の存在も重要で、チーム内での役割分担を明確にして、一丸となって臨むのがインターハイだ。ただ、チームとして大きな大会への出場経験が乏しいと、いざ現地入りしたときにどう行動したらよいか、わからないことが多いのも事実である。

私は中京大中京高の監督時代、インターハイに臨むにあたっての心得を、細部にわたって部員たちに伝えてきた。例えば、現地に着いたら氷を入手し、コインランドリーの場所、宿舎から競技場までのアクセスを確認し、買い出しをする店を探す。競技場では待機場所を確保したら、日陰の状況や風通し、雨をしのげるかを確認し、サブトラックや招集所までどのくらいの時間を要するかを計測する。コンビニの場所を確認すること、折りたたみハードルやスターティングブロック、マーカーなどの練習用具を持参することも、怠ってはならない。

インターハイは7月下旬から8月上旬に開催されるため、暑さ対策、紫外線対策は必須である。また、宿舎の朝食時間に合わせて行動しなくてもいいよう、朝食は自分たちで調達するようにしていた。これらは当たり前のことのように思われるが、日ごろから使い慣れた各都道府県内の会場で行われる競技会と、全国インターハイとでは、勝手が違うのである。

陸上競技のインターハイは、11の地区大会で6位までに入った選手、チームが全国大会への出場権を得られる（一部の種目を除く）。しかし、各種目で全国に進んだ66人、あるいは66チームのうち、本気で優勝を狙うと公言できるのはごくわずかで、8位入賞を目指す選手、チームもおそらく3分の1もないだろう。たいていの選手、チームは、地区大会を通過して、全国大会に出場することで満足してしまうのだが、地区大会が終わってからインターハイまでの取り組み次第で変わってくるのだから、あきらめずに挑むべきだ。

インターハイは最大の目標であるがゆえ、かかる重圧も大きく、実は自己ベストを出すことが容易ではない大会である。例えば８００ｍ以下のトラック種目では、自己ベストを出せばたいていの選手は準決勝に進めるのだが、実際はそれができずに終わってしまう選手が多い。インターハイで自己記録を更新することは、大きな価値があるのだ。

中京大中京高の陸上競技部は、〝日本一・中京大中京〟をスローガンに、常にインターハイの総合優勝を目標に掲げてきた。チーム全員で戦う意識を共有し、テントから招集所に向かう選手、招集所から競技場に向かう選手に対する送り出しも欠かさずに行う。学校名の入ったユニフォーム、シャツに自信と誇りを持ち、大会会場では必ず公式ウェアを着用するよう徹底している。

私が選手たちに伝えてきたことの一つに、「カッコよく」というメッセージがある。競技場とは自分のステージであるし、ステージに立つときにはカッコよくなくてはならない、と。一流選手はカッコいいし、格好でその選手の強さがわかるといっても過言ではない。競技意識が高くなれば、自分自身をカッコよく見せようとするものだ。

中京大中京高のユニフォームは、旧校名の中京高校時代から上下黒色である。昔はどの学校も白地のユニフォームに校名を入れていたなか、黒のユニフォームを最初に取り入れたのは中京だった。また、紺色やダークな色味のジャージが一般的だったところに、赤いジャージを着用したのも最初である。赤は女の子向きの色とされており、「男子選手が赤いジャージを着るなんて」といわれた時代だった。

男子選手のスパッツ、つなぎ型のレーススーツ、サングラスの着用、現在では大半を占める女子選手のセパレートのユニフォームも、高校では一番に採用した。高校生がサングラスを着けて競技会に参加することに対して、以前は否定的な意見もあったが、紫外線から目を守るためには当然のことであると、私は訴えてきた。現在では紫外線を遮断するため、集中力を高めるためといった理由で、サングラスをして競技会に臨む高校生も珍しくなくなった。練習での着用率は、さらに高いだろう。

私が先輩方から受け継いだチームを、今度は私の教え子たちが指導者となってしっかりと引き継ぎ、伝統をつないでくれている。そして、これからも中京大中京の名に誇りを持って、未来を切り拓いていってくれると信じている。

2021年、福井インターハイで女子が総合優勝を飾り、チーム全員で記念撮影

2章
スプリント考察

短距離において最も重要なことはマックススピードを高めること。
ドリル、練習法の紹介に入っていく前に、スプリントコーチングのコンセプト、
スプリント練習のコンセプトについて紹介していく。

1

名将の教え

スプリントコーチングのコンセプト

私がスプリント種目を指導するにあたり、コーチングの基本にしているのは、心理的側面と経験学習の二点である。

①心理的側面

オーストリアの心理学者であるアルフレッド・アドラーが提唱し、後継者たちが発展させてきた〝アドラー心理学〟によると、人間が持つ究極の目標は、社会への「所属」であると考えられているという。

自分が望む所属が確保できないとき、人は劣等感を抱く。アスリートでいえば、自己の能力が低いと自覚したときではなく、自らの状況や性格がチームに適応していないときに、「自分がうまく所属できていない」と苦痛を感じ、練習に集中できなくなってしまうのだ。一方で所属が満たされていれば、選手は幸福を実感する。結果として、チームの一員として集団生産性を高める、つまりチームワークを向上させようとする機運になり、競技力が伸びていく。

どんなチームに在籍するかによって、選手は大きな影響を受ける。近年は中学校の部活動が徐々に減少しており、クラブチームに所属して練習する選手が増え始めた。中体連の大会でも、クラブチームでの参加が認められるようになっている。これからは高校進学の際にも、自分がどのように競技を続けたいかを、よりいっそう明確にして、進学先を選択するようになる。また、大学をはじめとするその先の進路では、就職というセカンドステージを見据えながら、自分の競技能力と学力を考慮して選択するだろう。そうすることで、究極の目標である所属の欲求が満たされていく。

生産性が高いチームに共通しているのは、「心理的安全性」だ。つまり、選手が自分らしくいられる、安心して自分の意見や気持ちを表現できる文化が構築されているチームである。そして、この心理的安全性を確立するためにも、指導者は以下のステップを踏んでコーチングをしていかなければならないと、私は考えている。

【コーチングの基本ステップ「GROWモデル」】

GROWモデルとは、コーチングに必要な4つの基本プロセスを経て、選手を目標達成に導く方法のことで、それぞれのプロセスの頭文字を取ってGROWと呼ばれている。

まずは目標を設定し、自分の現状を知り、自身がどんな資質を持っているのかを把握する。そして、課題を解決するためにどんな策を選択するか、本当に目標を達成したい意欲があるのかを確認する。私は頭文字「R」に該当するプロセスが2つあると考えており、コーチングに必要なコンセプトを全部で5つ紹介する。

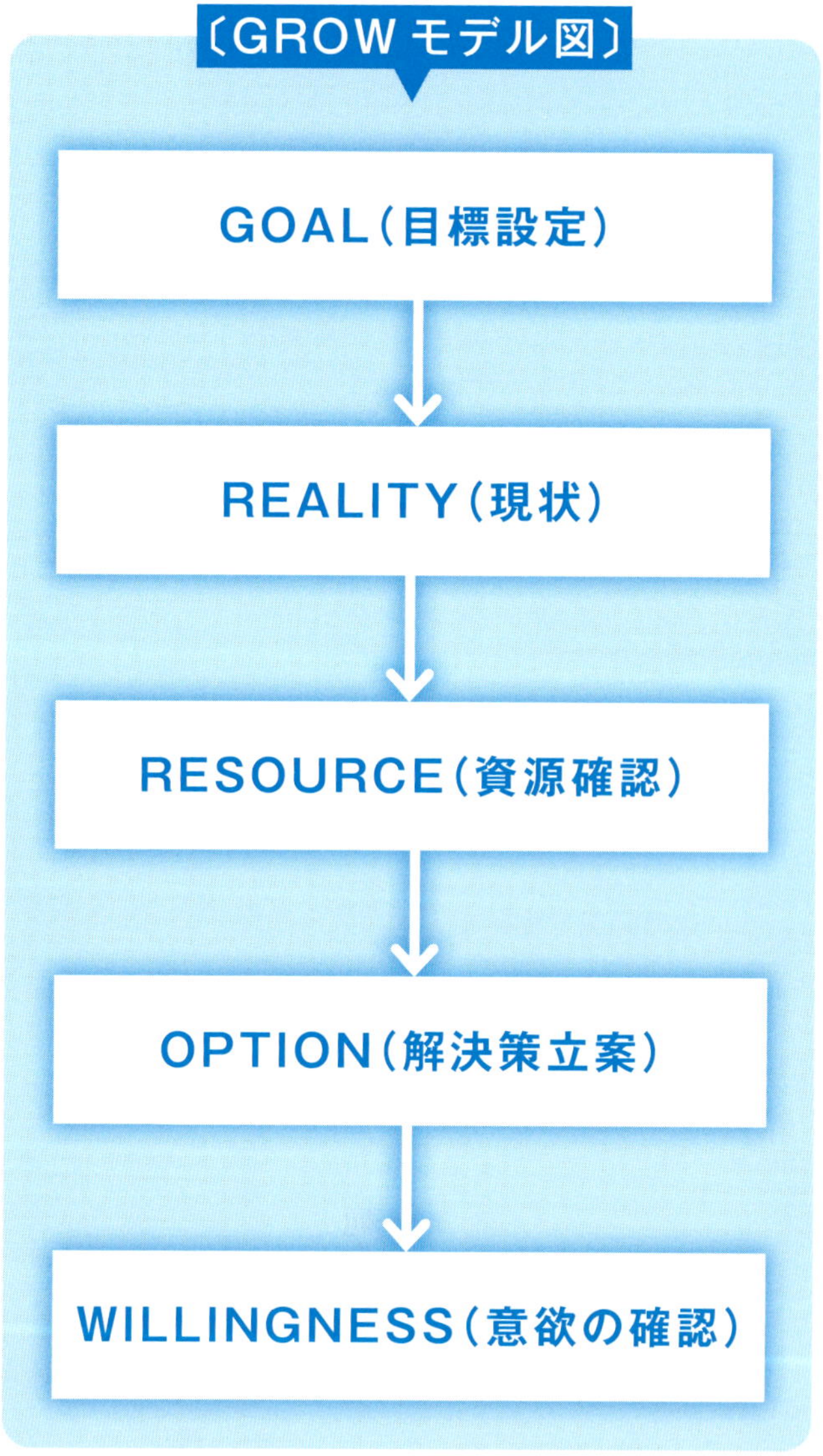

どのレベルの大会で何を目指すのかによって、当然ながら練習内容は変わってくるのだから、すべての選手に同じものを求めない。発展途上の選手に高い成果を求めず、資質がある選手や大きく伸びそうな選手には、それに見合った成果を期待するのが、指導者として大切なことである。

（1）GOAL（目標設定）

まずは記録の目標、大会結果の目標を定め、その達成に必要なトレーニング課題を設定する。指導者は「頑張る」、「努力する」、「一生懸命やる」、「～したい」、「できれば～」といった抽象的な目標設定をさせるのではなく、具体的に数値化することを求めるようにする。

（2）REALITY（現状）

自分の現状を知る。具体的なトレーニングメニューのなかで「何ができて、何ができないのか」、「どこまでできて、どこからができないのか」を把握して、現状の課題を見出す。この現状の課題確認は、モチベーションを左右する重要な要素を占める。

（3）RESOURCE（資源確認）

自分の身体能力を資源として、どこまで活用できるか。「何ができるようになった」、「何キロ上がった」、「何秒になった」、「何回転まで向上した」とトレーニングの成果を正当に評価し、資源化できなければ、モチベーションが上がらない。全体としては未達成であっても、個別に評価することでモチベーションが上がり、練習中にも「インターハイ出場レベルはクリアできた」、「何秒は絶対に出る」といった会話ができるようになる。

（4）OPTION（解決策立案）

動きが不完全であったり、目標数値に届いていなかったり、課題を克服できていない場合には、解決するための練習方法を必ず確認させるのが指導者の役目である。期限を設定し、反復練習をさせるとよい。できないまま放置したり、できないことを選手に要求したりせず、できる方法を議論して実行させるようにする。

（5）WILLINGNESS（意欲の確認）

目標設定を含め、トレーニング課題が適切であるか、本当に目標を達成したい意欲があるか、確認する機会を設ける。部室や練習場に選手個々の記録やデータを掲示するなどして、目標達成への進捗状況が一目でわかるようにすれば、個々の現状をチーム全体の課題としてとらえ、互いに補完しあうようになる。その結果として全体のレベルアップにつながり、ひいては個々の力が向上する。それが、スプリントではリレーの力に表れるのだ。リレーの結果は、チーム全体の競技に対する姿勢でもあると、私は考える。GOALに向けて意思統一ができていれば、戦えるリレーチームを形成できる。

②経験学習モデル

経験学習モデルとは、経験のなかから学んだ内容を次に活かしていく学習のプロセスで、アメリカの組織行動学者であるデイビッド・コルブが提唱した。実際の体験を単なる経験で終わらせるのではなく、活用することで人の成長は促されるのだ。

アスリートは、成功体験や失敗体験によって成長する。指導者は選手に対し、体験だけで終わらせないよう導いていくべきだ。多くの選手は、初めてやる練習メニューを終えたときに「よい体験をした」と満足する。ところが、たいていは一過性の体験で終わってしまう。合宿や練習会、講習会に参加すると「よかった」、「ためになった」と満足して帰ってくるが、そこで経験したトレーニングを一過性で終わらせるのではなく、継続的に取り組むことが重要なのだ。

選手は競技に関する本や雑誌を読んだり、動画を観たりしただけで、速く走れるようにはならない。多角的に指導を受け、練習にどういう効果があるのかを体感できなければ、成長はないのだ。例えば、近年は股関節が硬い選手が増えているが、硬いことによって理想とする動きができないと、次の段階にどう響くのかは、実際に体感してみないとわからない。体感すれば、股関節を柔らかくするストレッチを毎日続けること、体の機能面を改善することの重要性を再認識できるのである。

経験学習モデルは練習だけでなく、レースにも当てはまる。「レースがなぜうまくいったのか」、「もし失敗レースをやり直すことができるなら、どうすべきか」といった創造的な質問を指導者が選手に投げかければ、内省を促すことができる。

経験学習モデルとは、具体的な体験を自分のなかで内省的に見つめなおし、「どうしてうまくいったのか、いかなかったのか」という成功や失敗の法則を概念化し、その気づきを次の機会に実践する、というサイクルである。選手が内省によって生み出した成功や失敗の法則に、指導者が磨きをかけて言葉にしていくことが概念化であり、それを次の機会に自分の体に落とし込んで実践するのである。

2

名将の教え

スプリント練習のコンセプト

マックススピードを向上させる

スプリント練習の一番の目的は、「Max Speed（マックススピード）の向上」にあると位置づけている。どうすれば、最大スピードを上げられるかを追求していくことが、何より大事である。

人間には現状維持バイアスといって、変革を避けて現状維持を求める、現況より好転するとわかっていても行動できない心理傾向がある。アスリートなら、この現状維持バイアスを打破していかなければ発展はない。そのためにも、スプリント練習を「～すべき、～せねばならない主義」（SHOULDISM）から「自然体」（ORGANIC）に転換してみよう。

（1）SHOULDISM：練習するほど強化できる
➡ORGANIC：リカバリーする

よく、速く走るためには走り込みをしなければならないと思われがちだが、走り込みで最大スピードが上がることはまずない。何本も走ることによって、スキルはある程度のところまで上達するかもしれないが、練習するほどスピードを強化できるわけではないのだ。この点においては、陸上競技に限らず、日本のスポーツ界の概念を変えていくべきだと、私は常々感じている。

アスリートにとって、リカバリーはとても重要である。練習が終わったら、翌日の練習を効率よく行えるように体を回復させることが第一だ。そのためには、適切な睡眠時間を確保したい。睡眠不足では、リカバリーできない。私はリカバリーの根幹は睡眠であるという考えから、試合もなく、登校日でもない週末には選手たちの練習をオフにしている。

(2) SHOULDISM：年中スパイクを履かないとスプリント練習にはならない
➡ORGANIC：オフシーズンにはスパイクを履かない

市販の競技用スパイクは、競技会で最大のスピードを引き出すために設計されている。軽量、高反発であることが特徴で、記録向上の大きな要因となっている。このようなスパイクで練習をし過ぎないようにして、高性能に頼らない走りの技術の習得を目指したほうがよい。11月から2月までの冬期シーズンは、スターティングブロックからの技術練習以外、一切スパイクは着用しない。代替として、グリップのよいランニングシューズで練習することをお勧めしたい。

（3）SHOULDISM：走り込みをすることで強化する
➡ORGANIC：加速練習に特化する

スプリント練習の根幹は、最大スピードを上げることなので、トレーニングは加速向上と姿勢維持が柱となる。

陸上競技のスピードの概念は、他のスポーツのパフォーマンス向上と密接につながっている。しかし、例えば野球は走るスピードを上げて瞬発力を高めることが必要な競技であるにもかかわらず、量ばかりを追って走り込みをしているのが実情だ。私はスポーツ界に、もっとスピードの重要性を伝えていきたいと考えている。

（4）SHOULDISM：トラック中心の練習
➡ORGANIC：室内トレーニングがメイン

日々の練習は、室内から始めるのが理想だと私は考えている。前任の中京大中京高にはトレーニングジムに加え、25ｍの室内走路があったことから、室内で開始し、トラック練習終了後に再び室内に戻るようにしていた。コンディションに左右されず、年間を通じて安定した環境でトレーニングができることから、二次加速やスピード持続の走練習以外は室内メインに行っていた。また、トレーニング機器も最大限に活用できる。特に、自重以上の負荷をかけるトレーニングには、マシンや牽引装置を使うことが効果的である。

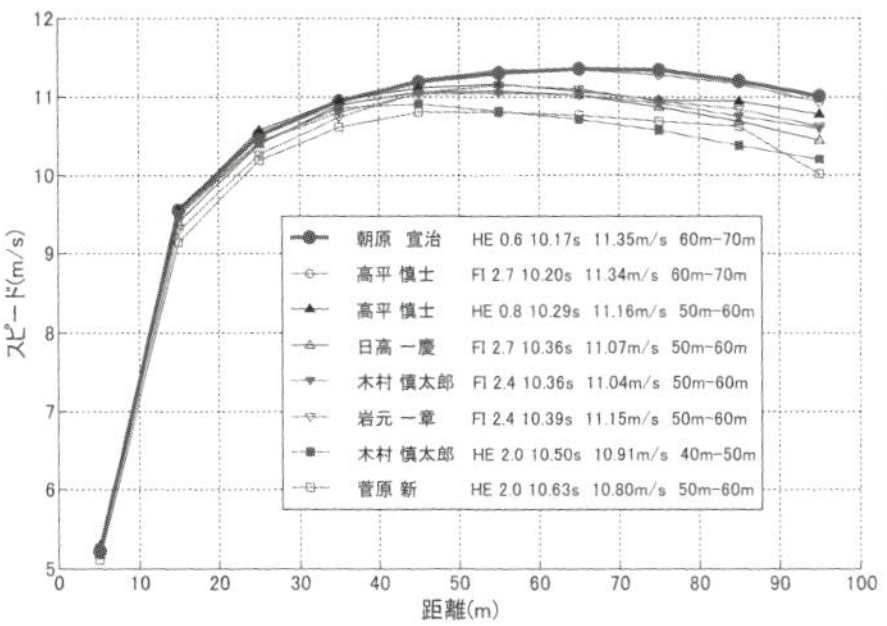

スピード(m/s)
12
11
10
9
8
7
6
5
0
10
20
30
40
50
60
70
80
90
100
距離(m)
朝原 宣治 HE 0.6 10.17s 11.35m/s 60m-70m
高平 慎士 FI 2.7 10.20s 11.34m/s 60m-70m
高平 慎士 HE 0.8 10.29s 11.16m/s 50m-60m
日高 一慶 FI 2.7 10.36s 11.07m/s 50m-60m
木村 慎太郎 FI 2.4 10.36s 11.04m/s 50m-60m
岩元 一章 FI 2.4 10.39s 11.15m/s 50m-60m
木村 慎太郎 HE 2.0 10.50s 10.91m/s 40m-50m
菅原 新 HE 2.0 10.63s 10.80m/s 50m-60m

＊

スピード曲線グラフ
（2009年織田記念男子100m）
2009年JAAF
「陸上競技研究紀要」より

3 名将の教え スプリント練習の留意点

①加速のとらえ方

スプリント種目では、前傾姿勢を保てている間が加速期だととらえられている。この前傾姿勢をいかに長くキープできるかがポイントであるため、姿勢維持のトレーニングが重要になる。100mのレースのスピード曲線グラフ（上図）を見ればわかるように、どんなトップ選手でも、後半、特に80m付近からは必ずスピードが低下する。この区間はできる限りスピードを維持し、減速を最小限にとどめるようにする。

②接地時につぶれない姿勢をつくる

スプリント動作において大切なのは、関節がつぶれないように接地することだ。フォームや接地は、加速期を過ぎたあとの等速期と減速期のスピード低下に大きく影響する。そのため、接地時に足関節、膝関節、股関節の3つの関節が理想とは反対に屈曲したり、伸展したりすることを回避するトレーニングを組み込むとよい。

＊表の見方。左から選手名、ラウンド（FI=決勝、HE=予選）、風、記録、最高速度、出現区間

短距離選手の場合、故障の原因のほとんどは接地にあると考えられる。陸上競技の走種目は常に、接地した状態か、空中に浮いた状態のどちらかにいる。接地して自分の体重が足にのったときに、重力と釣り合いが取れていなくてはならない。直立状態で故障することはないが、一歩前に出たときに接地の仕方が悪ければ足に負担がかかったり、捻挫をしたりする。重心移動したときに故障のリスクが生じるのだ。接地に対して正しい概念を持ってトレーニングすることは、とても大事な点である。

③臀筋の力発揮と伝達

スタートの立ち上がり動作や接地時には、股関節の伸展動作が連動している。そして、この股関節の伸展動作を有効にするには、大きな筋肉である臀筋を働かせることがポイントになる。

よく知られているように、スプリント動作の主働筋であるハムストリングを強化することは大切だが、ハムストリングは疲労しやすく、レース後半での減速を招く筋群でもある。しかし、ハムストリングよりも臀筋が優位に働くことで、姿勢保持、スピード維持、故障防止が期待できる。

第3章で紹介している「神経発火テスト」（42ページ）を実施して、臀筋がハムストリングより優位に働いているか確認しよう。臀筋が優位に働けば、接地時につぶれない姿勢をつくることができると考えられる。一方で、この神経発火パターンが崩れている選手が、ハムストリングの肉離れ等を起こした事例もある。神経発火テストを日常的に行うことは、故障防止にも効果的だといえるだろう。

④上体のトレーニングと腕振り（腕反動）の重要性

上体は日常生活においてあまり働くことのない部位であり、意識的にトレーニングをしないと筋力が向上しない。また、トレーニングの頻度を高めないと著しく低下してしまう。

特に女子選手には、優先的にトレーニングしてほしい。日本の女子選手は比較的、腕を横に振る傾向にあり、肘が前にまっすぐ出ずに、体の横で肘を伸ばすような走りをする選手が多い。腕を大きくまっすぐ振るには、肩甲骨の柔軟性を高め、上体と腕がうまく連動しなくてはならない。そのためにも、肩甲骨の動きを解剖学的な観点から理解して、トレーニングをすることが望ましい。

例えば、肩甲骨を大きく使って両腕を振り上げる、「ダブルアーム」でのジャンプやドリルを行うとよい（１０８ページなど）。肩甲骨の柔軟性を高めるだけでなく、腹腔内圧の維持につながるローカル筋への意識づけにもなる。ダブルアームの反動を生かして地面反力を得ることは、スプリントの加速技術向上とスピード維持につながっていく。

私は腕振りを「腕反動」という概念でとらえている。この腕反動を有効にするには、肩甲骨の機能を向上させる必要があるため、第3章の動きのチェックでも、ハンズアップ姿勢で行うメニューを重視して取り入れている。

⑤スプリント機器の活用

スキルミル、自走式トレッドミルなどの機器を使用したスプリント練習では、独自の傾斜、自走により脚の回転スピードを上げることができる。自走式の利点は、個々の走力に応じたスピード練習ができ、コントロールレバーで負荷を調整できること。最大スピードを高めたいのなら、負荷をゼロにして、傾斜が急なポイントに接地する。テンポ走でのスピード持続練習であれば、傾斜が緩い地点に接地して、スピードを調整すればよい。

ほかにも、接地と腕振りのタイミング調整、加速速度や減速速度のモニタリング、最大スピードのコントロールテストなどの用途がある。また、鏡がある場所で行えば、通常のトラック練習では不可能である、自分の動きを確認しながらのスプリント練習ができる。一方で、雨天時や冬期練習中、さらには故障者の復帰に向けたリハビリ等で、トラックの代替練習としても活用できる。

スプリント機器を活用することで個々の走力に応じたスプリント練習ができる

3章
動きのチェック

動きのチェックはケガの防止や自身の状態を確認するために大事。
肩甲骨、股関節など、自分の体の動きをチェックしよう。

自分の体の状態をチェックする

名将の教え

肩甲骨を優位に動かせるように

トレーニングの開始前に、自分の機能チェックをすることを推奨している。自分の体の状態を知ることはケガの防止、効果的な練習につながる。

まず、肩甲骨を優位に動かせることを重視している。多関節を連携させて動かすにあたって、肩甲骨が固まってしまうと下からの反発の力が十分作用できなくなってしまう。そこで肩甲骨の柔軟性を「壁ストレッチ」（40ページ）や「ショルダーリーチ」（40ページ）で確認。なかでも「ハンズアップスクワット」（41ページ）は、多関節運動の最たるもので、足首の関節、膝関節、股関節、肩関節、肩甲骨がうまく連動しないと姿勢づくりができない。

バランスの部分で大事なのは臀筋をしっかりと活用すること。陸上競技のスプリントではスタートブロックでは両脚荷重になるが、それ以外の場面、走るという動作は片脚荷重になるので、臀筋を使って片脚でバランスを取ることができなければいけない。片脚で力を出せるように、「直立バランス→T字バランス」（44ページ）をできるようにしよう。

名将の教え

スプリント練習の前には神経発火テスト

ここではバーやケトルベルを使った「重心バランス」（50ページ）のチェックも紹介していく。重心をしっかりとらえることができれば、スプリントで地面からの反発を使うことにもつながってくる。腕を上げて足の裏からアキレス腱と通って、腓腹筋、膝関節、ハムストリングを通って臀筋から脊柱起立筋、肩から首、頭頂部まで、一直線につながると筋膜がつながった状態で体はまっすぐになる。このバランスの動きを最終的には無意識でできるように、姿勢づくりを行っていく。

また、肉離れの予防という部分では、スプリント練習の前には「神経発火テスト」（42ページ）を行っている。これは臀筋とハムストリングのどちらが優位に動いているかをチェックするもの。神経伝達として、臀筋→ハムストリングの順に動くのか、ハムストリング→臀筋の順に動くのかをチェックする。

ハムストリングが先に活性化してしまうと、臀筋で支えることができず、肉離れのリスクが大きくなってしまう。そうした場合は、ハムストリングの拮抗筋である、大腰筋をストレッチすることで、ケガの予防に努める。

学生の場合は競技をできる期間も限られているので、ケガをしないことがとても大事。このような体の状態のチェックを練習前に取り入れることで、ケガを予防し、継続して効果的なトレーニングを続けられる。

可動性〜肩甲骨周辺 Menu 01

①壁ストレッチ

目的：肩甲骨の柔軟性のチェック
回数：左右各30秒

壁から1歩離れた位置に立ち、肘を曲げて手を壁につける。ここから体を少し前後に動かし、肩甲骨周辺をストレッチさせる。左右両方行うこと。

②ショルダーリーチ

目的：肩甲骨の柔軟性と前鋸筋の活性化
回数：左右各10〜12回

膝を曲げた姿勢で仰向けになり、片方の手を垂直に上げる。この姿勢から、肩甲骨を引き上げるようにして上に手を伸ばす。このとき、もう一方の手で前鋸筋（脇の筋肉）を働かせるようにする。

③オープンブック

目的：肩甲骨の柔軟性、前鋸筋の活性化と臀筋作用
回数：左右各5回

片膝立ちの姿勢で両手を前に出す。立てている膝側の腕を水平に開く。腕を開くときに、上体がぐらついたり、膝が動いたりしないように注意する。

POINT 状態を確認する

動きのチェックは決められた回数を行うというよりは自分で対象部位の状態を確認できればOK。40ページ①～③がうまくできない場合は息を止めずに肩甲骨を動かしてみるとよい。ハンズアップスクワットでしゃがめない人はできる範囲で実施する。

④ハンズアップスクワット

目的：関節の連動性のチェック
回数：10～15回

適度な長さのバーを持って、ハンズアップ姿勢からスクワットを行う。猫背にならないように。また、しゃがんだときに、膝と足首が同じ方向を向いていることが最も大切である。前脛骨筋が硬いと脛の角度が維持できない。この脛の角度が加速動作において重要になる。

NG

しゃがむ際に前傾してしまう

肩甲骨周りの柔軟性が欠如していると、しゃがむ際に上体が前傾し、立ち上がるときにもまっすぐ立ち上がることができなくなってしまう。

OK

①神経発火テスト

目的：神経発火パターンの正しい順序確認
回数：左右各1～2回

うつ伏せになって、パートナーに二本指で臀筋とハムストリングを押さえてもらう。足首を背屈させ、脚全体を伸ばした状態から、片脚を上げる。実施者は意識せずに脚を上げているため、ハムストリングと臀筋のどちらが優位に働いているかはわからない。パートナーは、実施者がハムストリングから臀筋の順に収縮しているのか、それとも臀筋からハムストリングの順に収縮しているのかを伝える。

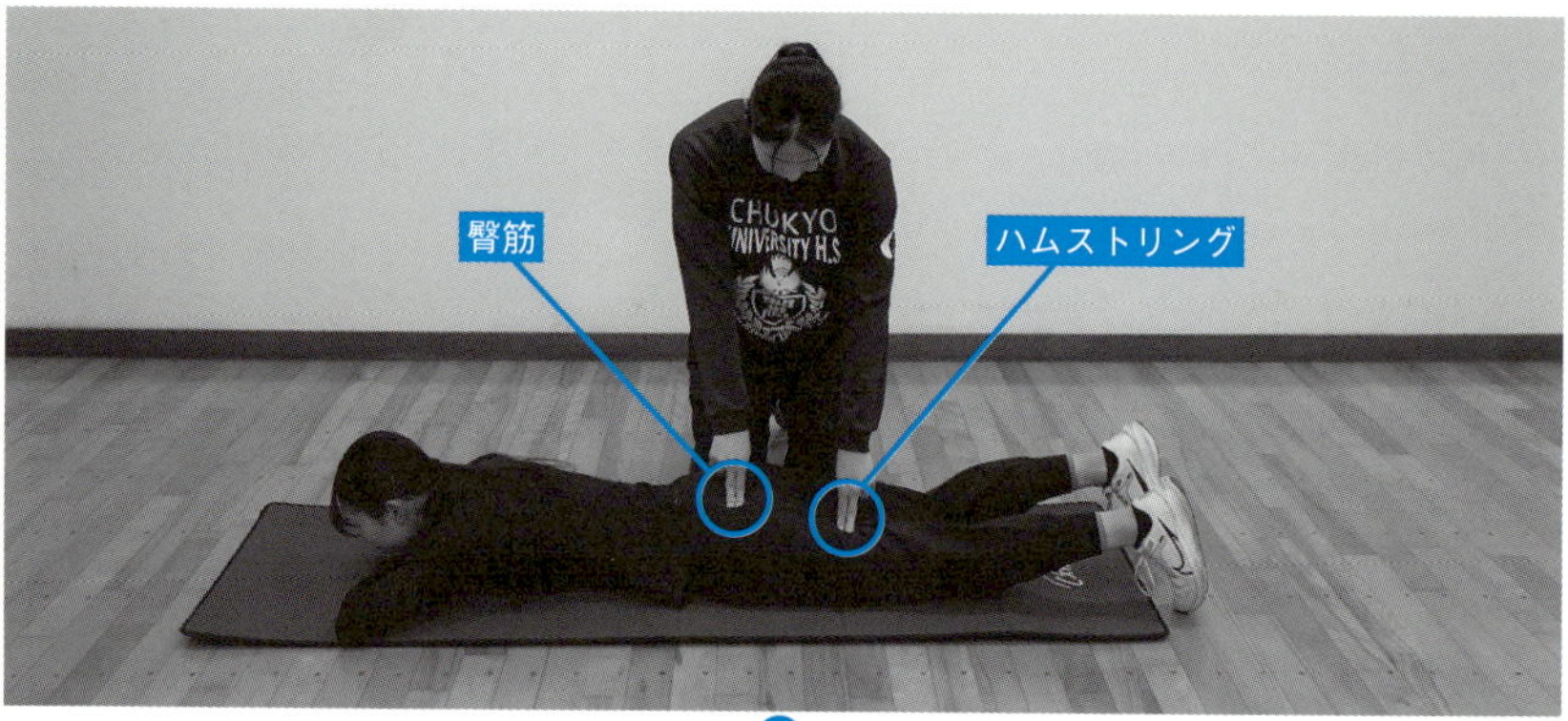

神経伝達を確認し肉離れを抑止する

神経発火テストは体の機能チェックという観点から、トレーニング前に行うことが多いが、体の機能を改善させるために途中で入れることもある。

この神経発火テストにより、自分の走りは接地したときにハムストリング→臀筋の順に神経伝達するのか、臀筋→ハムストリングの順に神経伝達するのかがわかる。ハムストリングが先に働くと、臀筋側で体を支えることができず、肉離れのリスクが高まる。

ノルディックハムは強度が高いので、徐々に強度を高める必要がある。

②ノルディックハム

目的：ハムストリングスの強化
回数：各自のできる範囲

膝立ちの姿勢になり、パートナーに足首を押さえてもらう。実施者は両手を後ろで組み、姿勢を保ったまま体を床に向かって倒していき、ハムストリングの力を使って元に戻す。

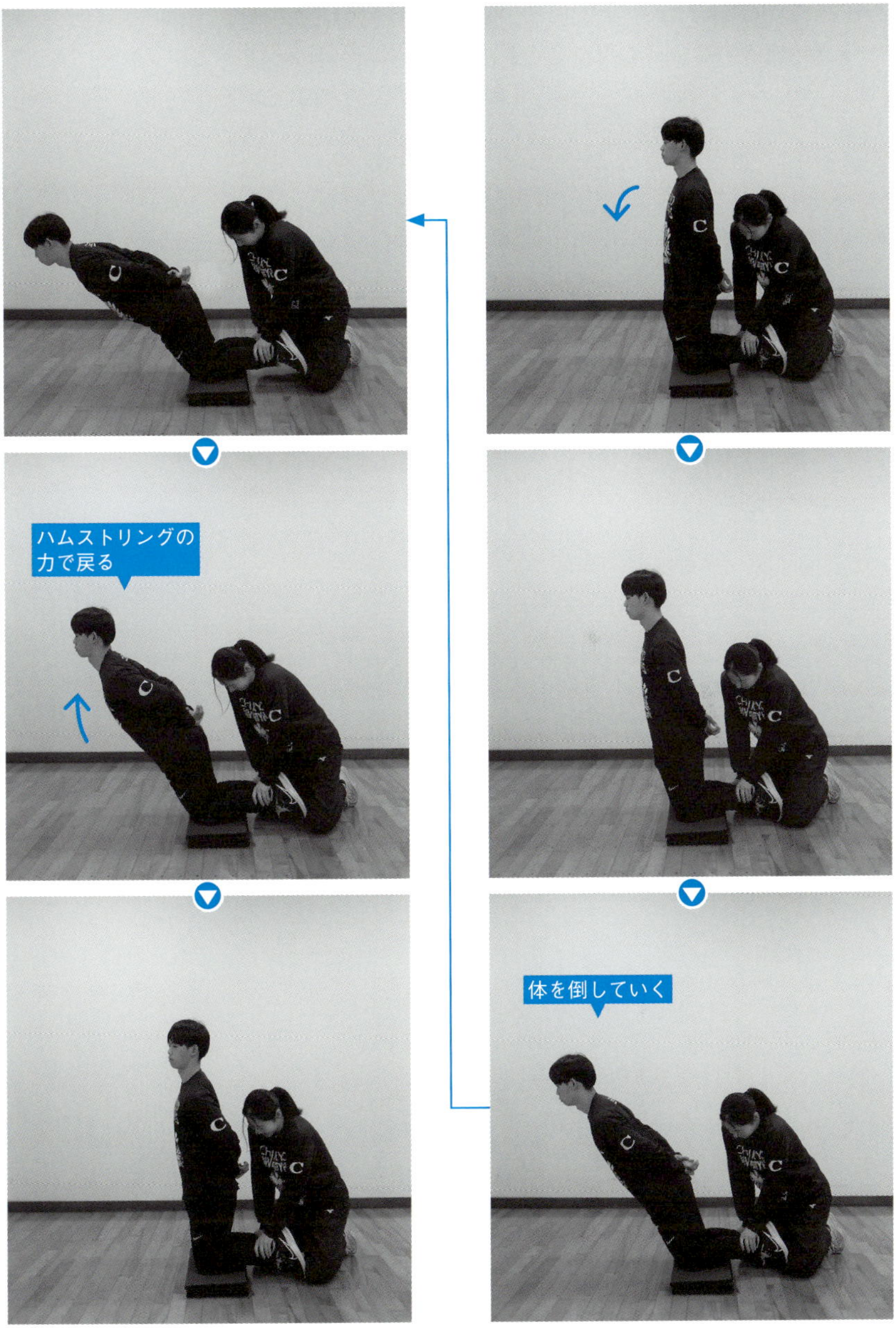

①倒立

目的：体幹力とバランス

壁などの支えを利用せずに、その場で倒立をする。通常の立位姿勢からハンズアップして、180度、体を回転させると考えれば、立位姿勢がしっかりできている選手は倒立もできるといえる。補助倒立から開始して、壁倒立へと移行させ、最終的にその場で倒立ができるようにしよう。

②直立バランス姿勢からＴ字バランスへの移行

目的：臀筋の活性化とバランス維持
回数：左右各5回連続を目指す

右手と左脚を上げた立位姿勢から、体を45度倒し、次に腕と脚が水平になるように倒す。臀筋の作用が安定を生み出すＴ字バランスが十分できない選手はメニュー04から06で紹介する臀筋を活性化させるトレーニングに取り組んでもらいたい。

臀筋・ヒップ～オープンクライム

level.1

目的：臀筋の活性化
回数：各自のできる範囲

横向きになり、股関節45度、膝90度屈伸。膝の少し上にゴムバンドを巻き、かかとを合わせて体幹を固定した状態から、膝を開いて２秒以上静止する。

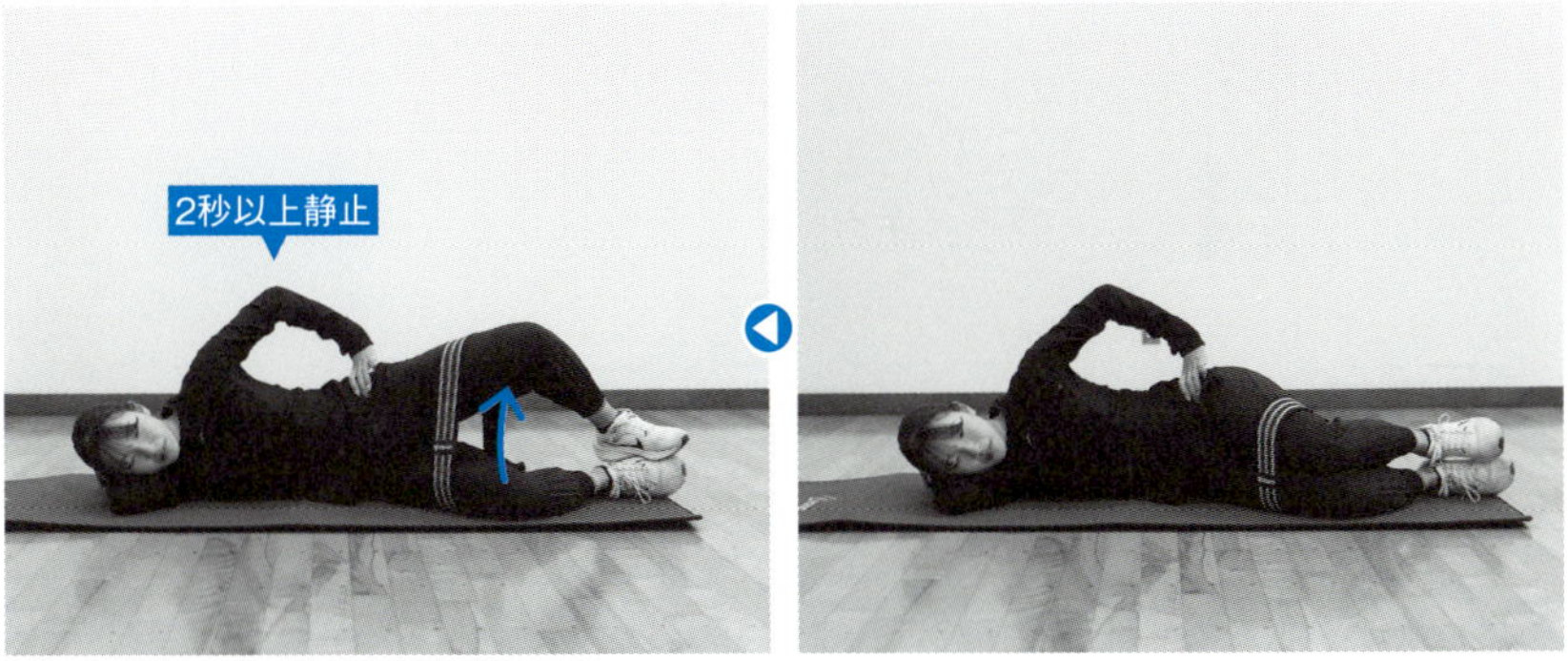

level.2

目的：臀筋の活性化
回数：各自のできる範囲

Level. 1と同様の姿勢になり、膝を合わせた姿勢で足を開いていくように内旋させ２秒以上静止して開始姿勢に戻す。

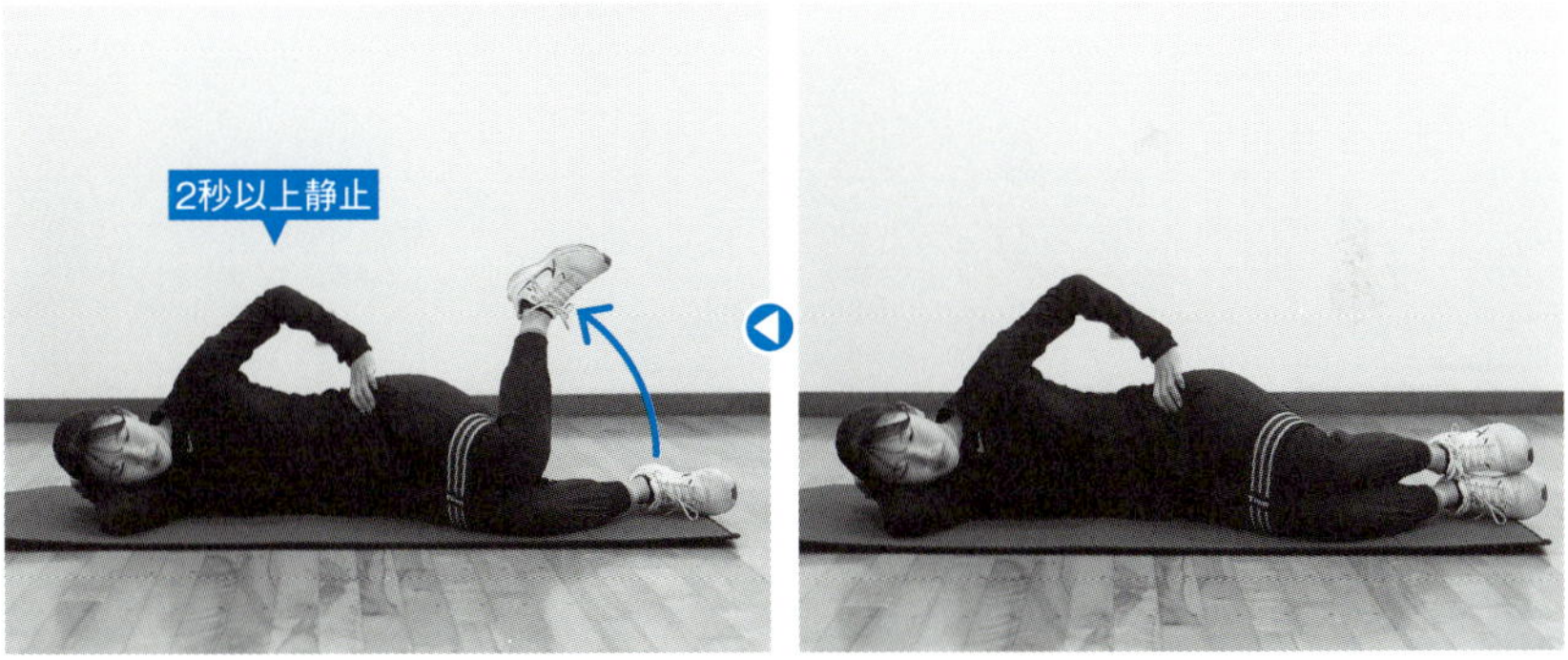

臀筋を活性化させる最初は自重から開始

スプリントの強化には臀筋に意識を向けることが大切だが、実際に走ったり、トレーニングをしたりするときに、意識的に臀筋を活性化させることは簡単ではなく、ほとんど無意識に臀筋を稼働させなくてはならない。

45、46ページで紹介する4種類は、臀筋作用が得られるトレーニングである。ここではゴムバンドを巻いて行っているが、最初はゴムバンドを使わずに自重で行い、しっかりしたやり方と臀筋を意識することを身につける。

そして自重で十分な臀筋作用を得られたら、ゴムバンドで負荷をかけるとより大きな効果を得ることができる。

level.4

目的:臀筋の活性化
回数:各自のできる範囲

同様の基本姿勢から、上側にある脚を伸展、固定させた状態で、足関節を背屈して大腿骨を骨盤の根本から内旋、外旋を繰り返す。

つま先の向きを変えて
股関節を内旋(写真)、
外旋させる

level.3

目的:臀筋の活性化
回数:各自のできる範囲

Level. 1・2と同様の姿勢になり、水平に膝を上げた状態でかかとを上げる、下げる動作を繰り返し行う。

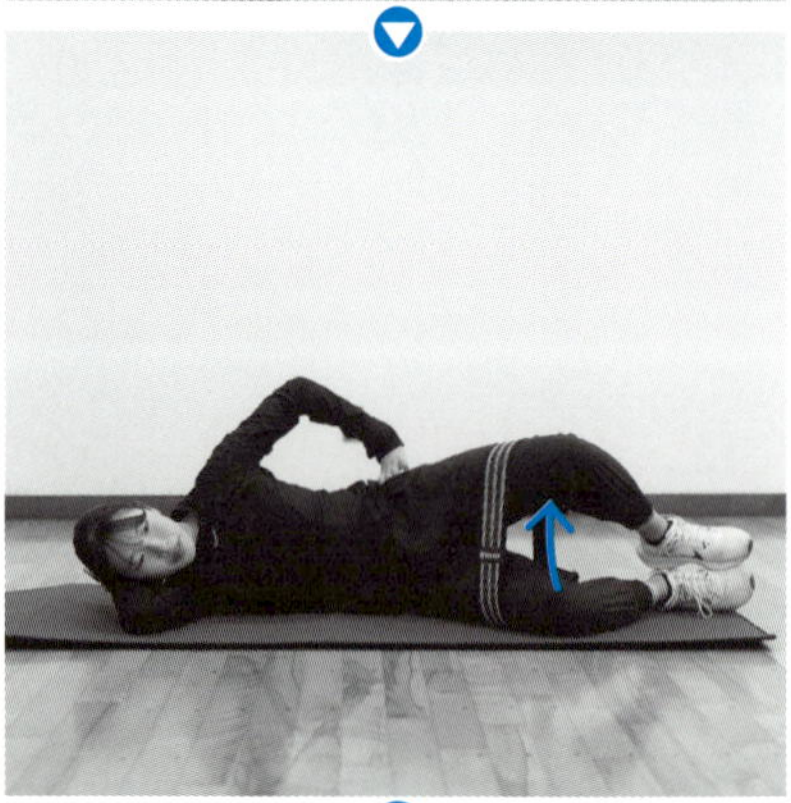

膝は固定

臀筋・ヒップ～サイドライン・アブダクション Menu 05

アブダクションは中臀筋のトレーニング。脚を一直線に保ち中臀筋後部を活性化させながら股関節を外転させる。さらに足首を背屈し大腿骨を骨頭から動かすことで負荷を増すことができる。

level.2

目的:臀筋の活性化
回数:各自のできる範囲

Level. 1 を行いながら、つま先を下に向ける。脚を一直線にして、足首を背屈させた状態で動かす。

level.1

目的:臀筋の活性化
回数:各自のできる範囲

横向きになり、股関節45度、膝90度屈曲。膝の少し上にゴムバンドを巻き、上側の脚を伸展させて上下に動かす。

ヒップ・エクステンション Menu 06

level.1

目的：臀筋の活性化
回数：左右各10回

手は肩の真下、膝は股関節の真下につくように四つん這いになる。太ももにゴムバンドを巻いて、片足の裏を上に向ける。肩から膝のラインが水平になったら元に戻す。

level.2

目的：臀筋の活性化
回数：左右各10回

Level. 1と同様に四つん這いになり、太ももにゴムバンドを巻く。膝を伸展させ、かかとまで一直線になるようにキープして元に戻す。

サイド・プランク Menu 07

臀筋は個別に筋を活性化させるもの。一方、このサイド・プランクは体幹に力を入れることが目的。体幹に力が入ることで姿勢維持につながる。

level.1

目的:体幹の維持とバランス、臀筋の活性化
回数:各自のできる範囲

横向きになって肘とかかとで体を支え、その姿勢をキープする。

level.2

目的:体幹の維持とバランス、臀筋の活性化
回数:各自のできる範囲

Level. 1と同様に肘とかかとで体を支えつつ、上側の脚を上げた姿勢を2秒以上キープする。呼吸しながら姿勢を維持することがポイント。

名将の観点 ドローインとバルサルバ

体幹に力を入れる方法は、重たいものを持ち上げるときに息を止めてグッと力を出す「バルサルバ」と、無意識の領域で体幹の力が入ったり抜けたりする「ドローイン」がある。すべてのトレーニングは息を止めないことが大切。サイド・プランクは息を止めれば姿勢を維持しやすくなるが、実際の競技につながるように呼吸をして行うこと。

①その場バー持ちバランス

目的:重心位置をとらえる
回数:各自のできる範囲

バーを握らずに腕を上げた状態で、片脚を上げてバランスを取る。手のひらを受け皿のようにしてバーをのせると、バーが平行になる。脚を上げてもバーが落ちなければ、重心位置をしっかりとらえていることになる。棒が傾いてしまう人は何も持たずにその場でバランスを取ることから始めるとよい。

重心のバランスが取れていれば、つかんでいなくてもバーは安定する

バーを使い重心を確認 腕を上げて姿勢維持

バーを使うのは、重心が崩れていないか確認するため。バーがぐらつく選手は、重心が崩れているといえる。

腕を上げることで自然と重心位置が上がり、足裏から膝関節、ハムストリング、臀筋を通って脊柱起立筋、肩、首、頭頂部までが一直線になり、姿勢維持につながる。

膝関節が曲がると、地面からの反発が頭頂部までつながらない。同様に、走っているときに瞬間的に膝が伸びた状態で接地する選手は地面からの反発をうまくもらえるが、膝がつぶれた状態で接地する選手は十分な反発をもらえない。

②バー歩行バランス

目的:重心位置をとらえる
回数:10m×1セット

バーを握らずに腕を上げた状態で歩行する。動いても重心がブレないようにする。

③バー持ちホップ

目的:重心位置をとらえる
回数:10m×1セット

バーを握らずに腕を上げた姿勢から、ホッピングで前に進む。重心がブレないようにする。

④ケトルベルウォーク

目的:重心位置をとらえる
回数:10m×1セット

ケトルベルを持ち上げて歩行する。重さよりも姿勢維持を重視する。しっかりと重心が取れていれば重たいケトルベルでも持ち上げて歩行できる。

Column 1

指導者人生のスタートは投てきコーチ
初の日本一は忘れられない喜び

私は大学を卒業後、1983年に母校の中京高（当時）に着任した。私自身はハードル選手であったが、指導者としてのスタートは投てき担当のコーチで、87年にインターハイと国体のハンマー投で2位に入った北村彰伯など、投てきで3人の全国入賞者を育てている。

監督となってからは、94年秋に行われた日本選手権の4×400mRで優勝した。大学生チームの参加が少なかったことに助けられた部分もあったし、優勝記録自体は3分14秒92とそれほど高くなかった。とはいえ、高校生の優勝は史上3校目、それも2年生4人のチームが国立競技場で日本一に立った喜びは、当時現地にいた部員たちにとって忘れることのない思い出になっていると聞くし、私にとっても指導者人生で初めての全国優勝として非常に印象に残っている。

この年の富山インターハイで6位に入り、翌年の鳥取で優勝しようと意気込んでいたなかでの日本選手権制覇で、私も選手たちもより一層、インターハイで負けられないという気持ちになった。そして、中京大中京高に改称された95年、鳥取インターハイでは現在の監督であり、中距離を指導する岩﨑万知がアンカーで添上高（奈良）を0.06秒差で退け、優勝することができた。ただ、連覇を狙った秋の日本選手権リレーでは、インターハイと国体の400mHで優勝した伊藤拓馬を故障で起用できず。順天堂大に0.05秒差で負けて2位に終わったことは、今でも悔いが残っている。

1994 年の日本選手権 4 × 400 m Rで優勝

4章

その場ドリル

その場でできないことは動いてもできない。動きながらのドリルに入っていく前に、
重心移動を伴わない状態で姿勢維持をできるようにしていこう。

A姿勢

脚を上げた姿勢で、臀筋と膝、足関節で「Z」の形がつくられていること。A姿勢は、接地したときに最も地面に力が入るポイントである。

その場でできないこと＝動いてもできない

その場でできないことは動いてもできない、という観点から、重心移動を伴わない状態で姿勢を維持できる、接地したときにバランスを維持できるようにすることが大切。

これができないと、動いたとき、つまり重心移動した状態で姿勢を維持できているように見えても、実は本来使うべき主動筋以外の筋肉を使って、代償動作でバランスを調整しているだけということがある。そういう選手は、スプリント動作に移行したときにエネルギーをロスすることになる。主動筋を使ってバランスを取ることが、エネルギーロスが少なく効率のよい、疲れない走りにつながっていく。

Bドリル

A姿勢をつくる。臀筋を緩めると膝が伸びるので、その伸びた状態のまま接地することをBドリルと呼んでいる。意識的に膝を伸ばすのではなく、臀筋に力が入った状態からいったん弛緩させると自然に脚が前に出る。

A姿勢での腕振り（左・右）　Menu 09

目的：片脚での姿勢維持と腕振りの技術習得
回数：左右各10回

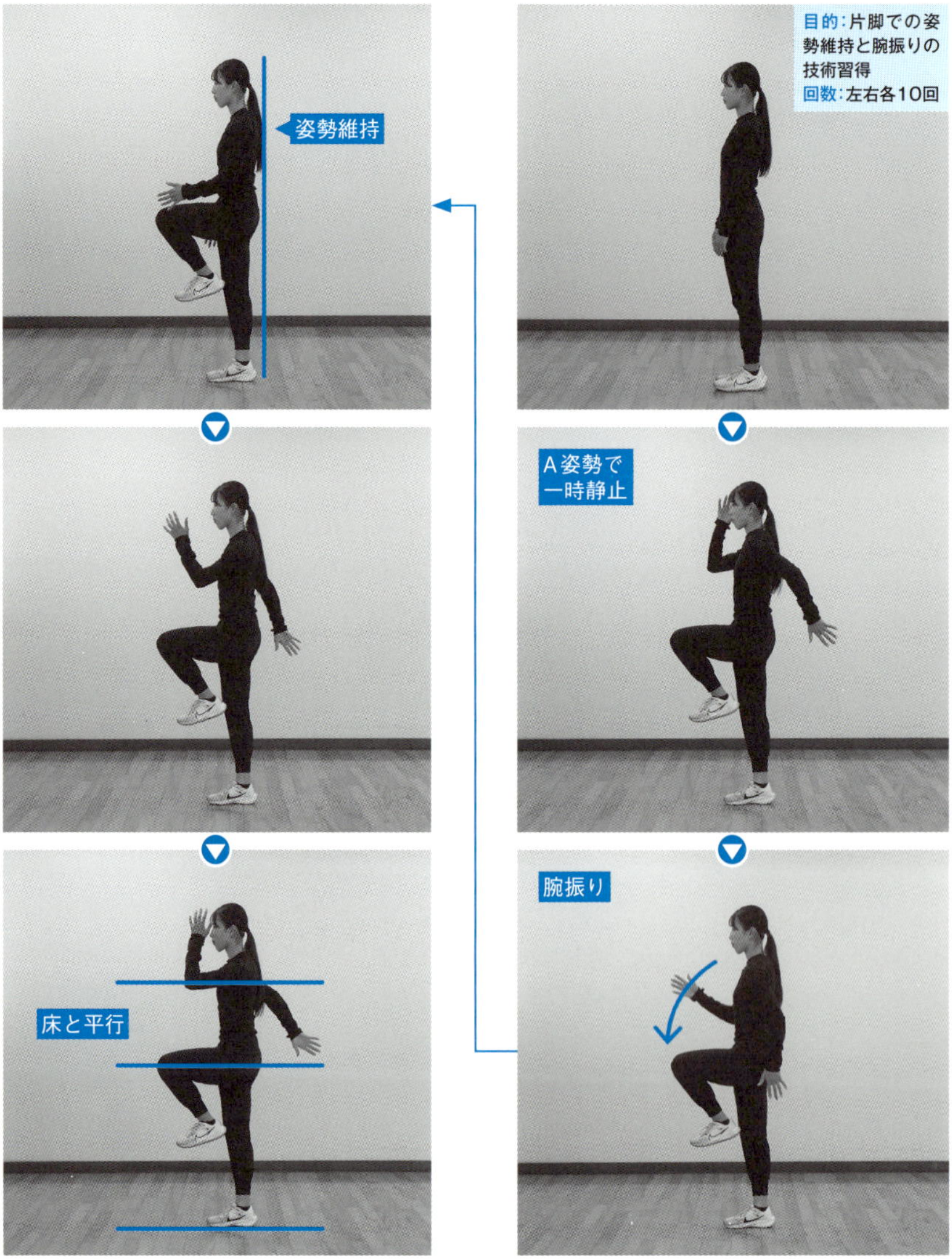

まずはA姿勢をつくって静止し、そこから姿勢をブラさずに腕振りをする。脚を変えて左右両方行う

名将の観点　腕を下ろす際、臀筋を作用させる

腕振りとは肘を前に出した状態である。肘を前に出したときに、腕が床と平行になるくらいまでの位置に持っていき、重力に逆らわず下に下ろす。腕を下ろす際、臀筋が作用していないと膝が横ブレする。このメニュー09から17は立命館大学の田畑泉教授が考案した「タバタプロトコル」（20秒運動→10秒休憩）でもOK。どちらで行うかを選択する。

足背屈からのA姿勢連続への連速 Menu 10

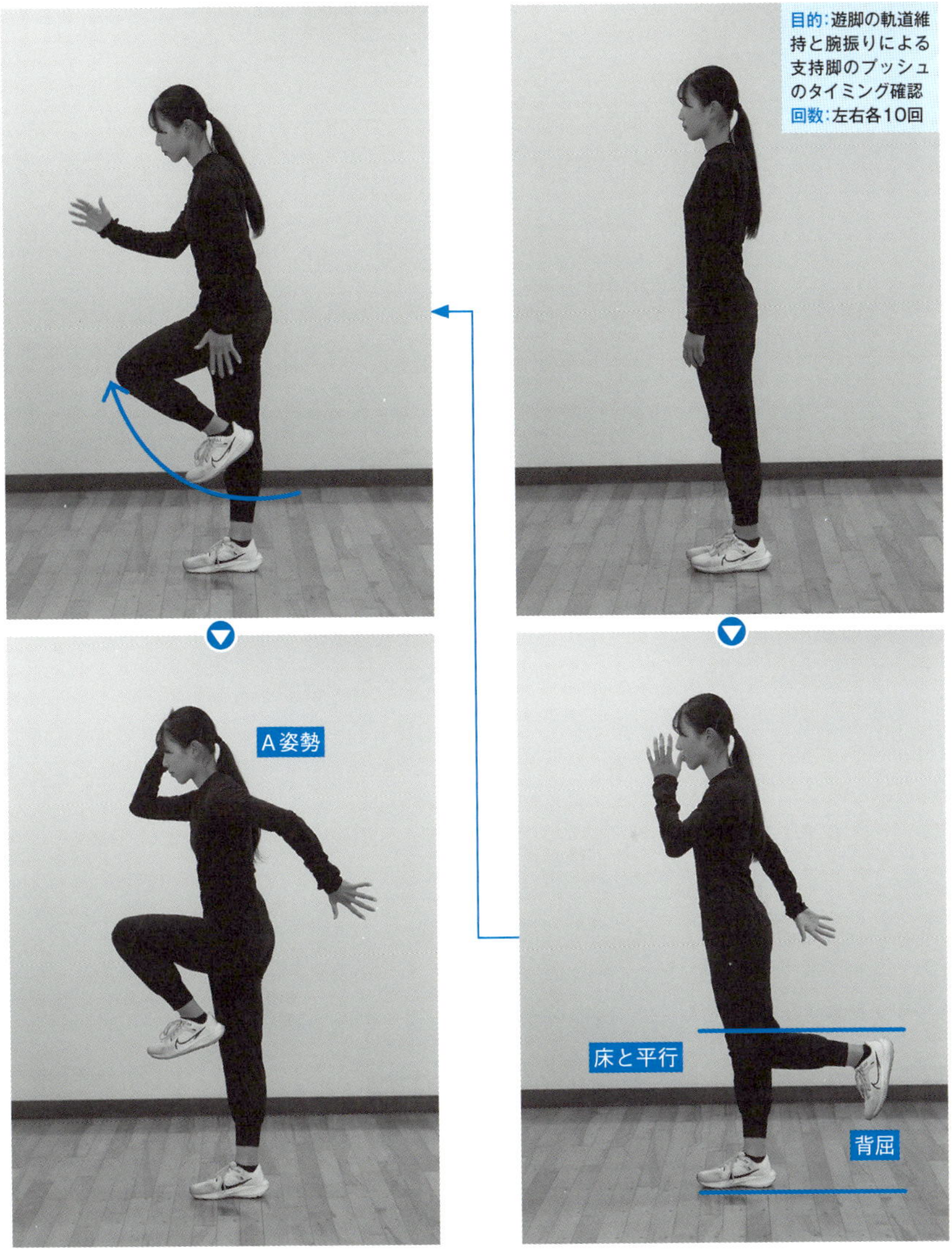
目的:遊脚の軌道維持と腕振りによる支持脚のプッシュのタイミング確認
回数:左右各10回
A姿勢
床と平行
背屈

足を背屈させて脛と床が平行になる位置がスタートポジション。
この状態からA姿勢をつくる動作を繰り返す。支持脚は臀筋作用でプッシュさせる

名将の観点 足関節の背屈をトラックからの反発につなげる

足関節を背屈させることで、前脛骨筋（脛の内側にある筋肉）が活性化する。接地の際には、トラックからの反発を効果的に得ることができる。ドリルでは意識的に取り入れ、実際の走りでは無意識にできるようにする。

支持脚の臀筋作用でのプッシュの連続

目的:腕振りによる支持脚のプッシュのタイミング確認
回数:左右各10回

A 姿勢から腕振りと支持脚の臀筋作用でのプッシュ動作を連続して行う

NG 足が上がりすぎる

名将の観点 膝と臀筋を水平に

支持脚（写真は右脚）の臀筋作用が活性化することにより、引き上げた脚にも力が伝わる。体幹が緩むと脚が上がりすぎてしまうので、膝と臀筋が水平になるくらいに。プッシュ動作は地面を押すというより、地面からの反発を感じるようにする。

遊脚をスイング動作から回転させるＢドリル　Menu 12

目的:遊脚の軌道確認と腕振り、接地時の足関節の背屈確認
回数:左右各10回

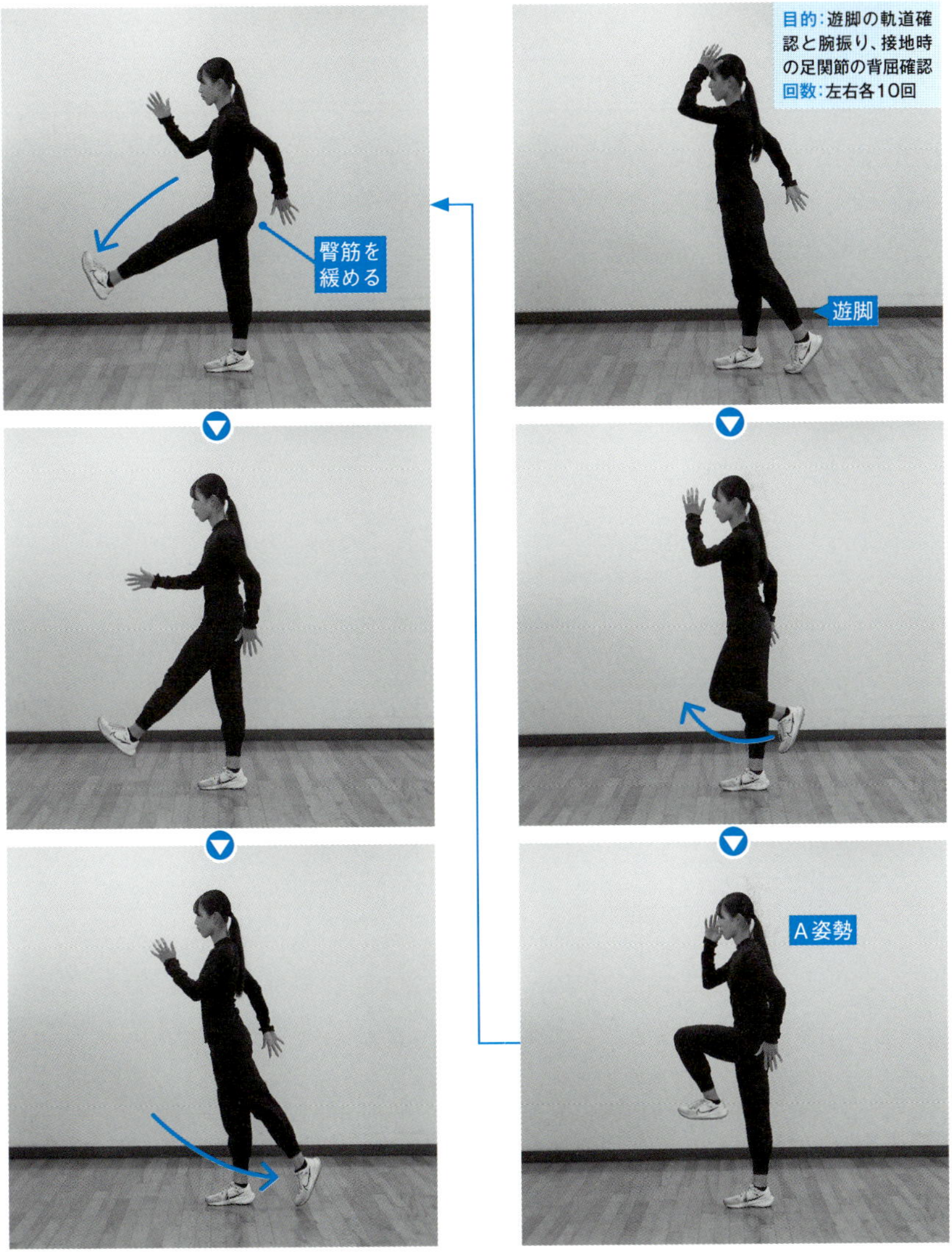

支持脚で姿勢を固定しながら
遊脚をスイング動作で回転させる

名将の観点 臀筋を緩める

遊脚（写真は左脚）で地面を押してＡ姿勢に持っていったら、臀筋を緩めて膝関節を伸展させて接地する。接地した脚は自然と体の後方までいくので、この状態からもう一度地面を押す。結果的には遊脚を回転させることになるが、意識的に回すわけではない。

ストレートレッグバウンド　Menu 13

目的：足関節の背屈と地面の反発からのバウンド動作
回数：左右各10回

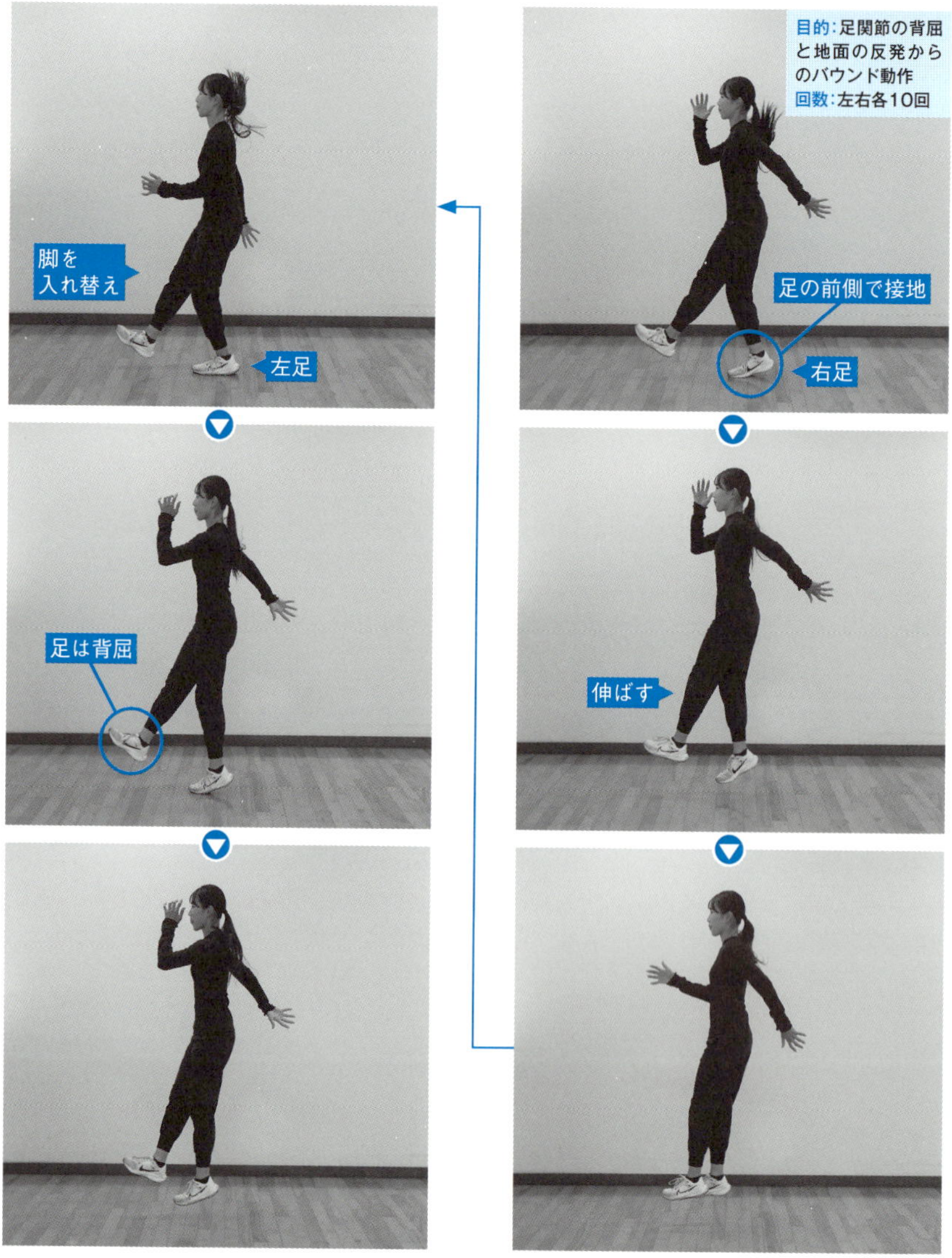

ストレートレッグとは主に短距離選手がスピードや推進力を高めるための練習で、
一方の脚を伸ばした状態でもう一方の脚でバウンドを繰り返す

名将の観点　地面の反発をもらう

足関節を背屈させて行うことが大切。足関節を背屈させた状態で接地すると、ちょうど腕が下りてきたときに地面に力が加わり、反発をもらえる。バスケットボールのドリブル作用のイメージ。

ダンベルを保持してのストレートレッグバウンド Menu 14

目的：負荷をかけた状態での体幹保持
回数：左右各10回

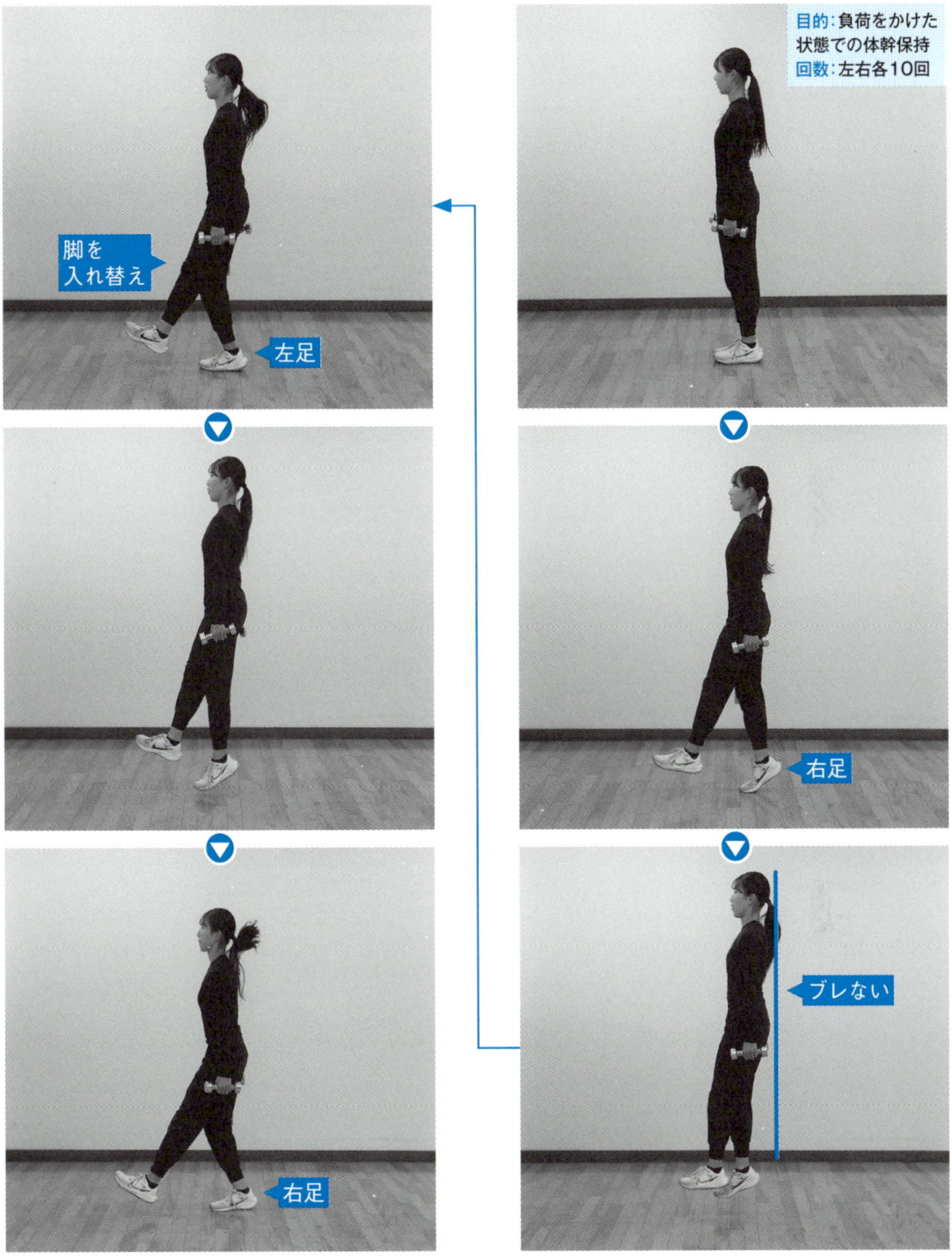

軽めのダンベルを両手に持って、その場でストレートレッグバウンドを繰り返す

名将の観点 体重以上の負荷をかける

Menu13のストレートレッグバウンドに負荷をかけたもの。ダンベルを両手に持つことで自体重以上の負荷をかけることができる。ノーマルのストレートレッグバウンドができるようになったら負荷をかけてやってみよう。

ストレートレッグバウンドからのＢドリル　Menu 15

ストレートレッグバウンド

目的:弾む動作から脚の軌道確認
回数:10回

Ｂドリル

Ｂドリルに

NG 重心が落ちる

接地の際に体幹の力が抜けると、膝関節が曲がって重心が落ちてしまう。

膝関節を伸ばさないと重心が下がってしまう

ストレートレッグバウンドとは、膝関節を伸ばした状態でバウンドすることをいう。足関節を背屈させることがポイントで、あまり背屈していない状態で行うと、体幹がブレて、膝関節が曲がってしまう。そうなると、接地足の膝の位置が落ちて、重心が下がってしまうので注意する。

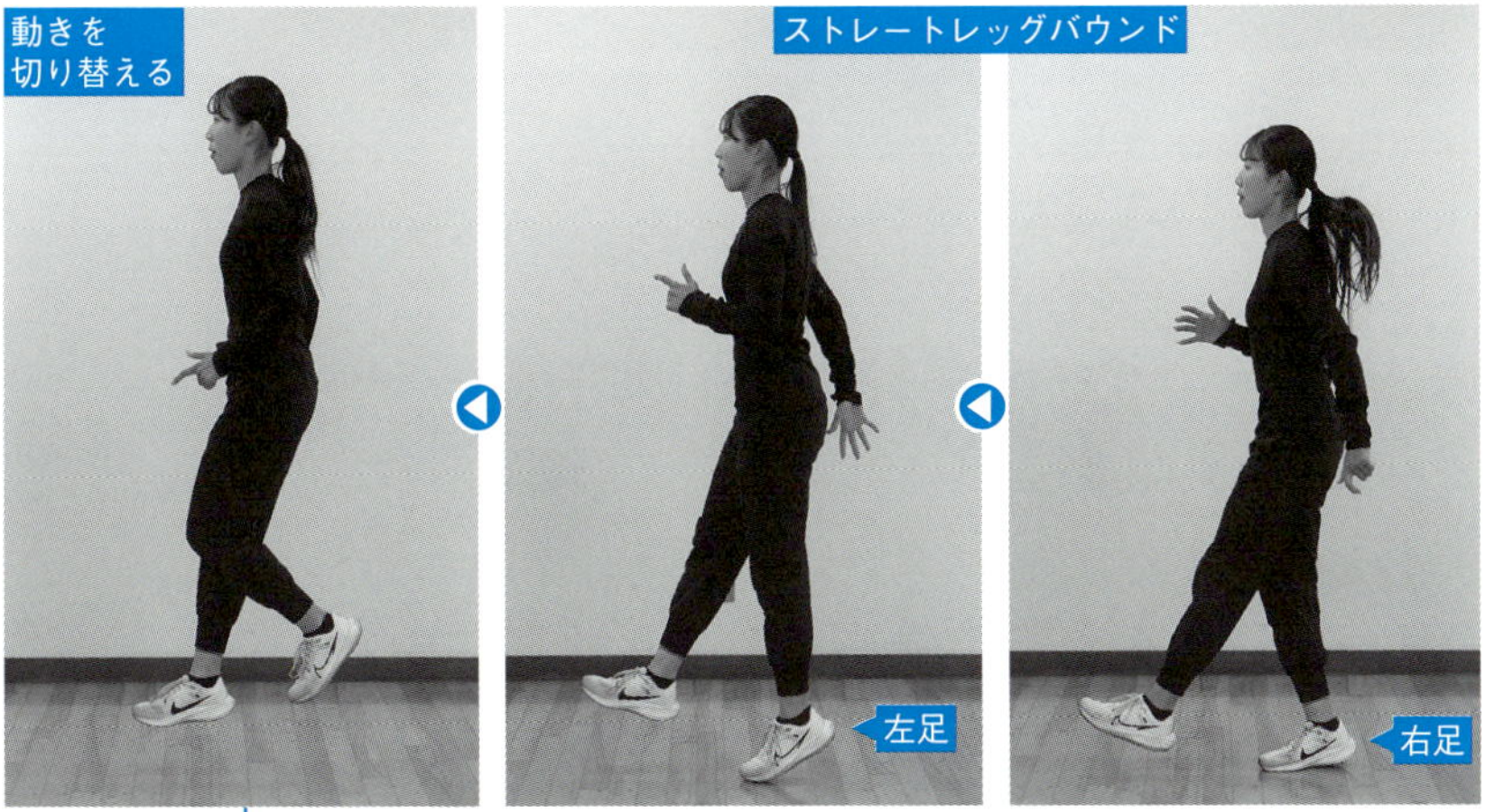

その場でストレートレッグバウンドを何度か行い、Bドリルに動きをかえて繰り返す

Level-up

ダンベルを持つ

ストレートレッグバウンドからのBドリルを、両手にダンベルを持って行う。重心が落ちないようにする。

ツーステップでのＢドリル Menu 16

目的:ステップで得た地面反発から足の軌道確認
回数:10回

ツーステップを踏みながらＢドリルを行う

名将の観点 バウンドの力で引き上げる

ステップをしたときに、バウンドの力を利用して脚を引き上げる。地面からの反発をもらうことを意識する。

Bドリル連続 Menu 17

脚の回転を意識してＢドリルを連続して行う

名将の観点 切り返し動作を速く

切り返し動作を速くすることが目的。このＢドリル連続が苦手な選手は、走るときに脚の切り返しが遅いといえる。昔でいえばいわゆるもも上げ動作だが、もも上げはももを高く上げることを意識するのに対し、切り返しは片方の脚が接地したときにもう一方の脚が前に出ていることをいう。

Column 2

男子チーム最後の年に総合優勝
走・跳・投すべてで得点

インターハイで最も印象に残っているのは、やはり男子が総合優勝した1998年の香川である。中京高時代の69年と71年に総合優勝を果たしていたが、私が指導者となってからは初めてだった。この98年に男女共学となったことから、中京大中京高にとっては節目の年であり、陸上部として男子チームの最後の年に達成できたことは大きかった。

400mでは、私の後継として中京大中京高の短距離を指導している佐橋弘晃（写真上）が優勝し、110mHでは後に2004年アテネ、08年北京と2大会連続で五輪に出場する内藤真人が2位。さらには800m、4×400mR、走高跳、ハンマー投でも入賞し37.5点を獲得した。短距離、中距離、ハードル、リレー、跳躍、投てきとオールラウンドに得点する、本当の意味での「総合優勝」を成し遂げられたことを誇らしく思っている。

5章
動きづくりドリル

スプリントにつながる動きづくりドリル。
その場ドリルを実際の動きにつなげていこう。

かかと・足先・足関節歩行　Menu 18

目的：前脛骨筋の強化
回数：110m+20m（かかとを浮かせたジョグ）5～10回

かかとを地面につき、つま先を上げた状態で、だいたい1足長ずつ歩行する。足関節を背屈させた状態で歩行することで、前脛骨筋の強化につながる

前脛骨筋は重要な部位 緊張と弛緩の両立を

前脛骨筋の緊張と弛緩がうまくいかないと、接地で刺激が加わったときに脛骨の疲労骨折につながってしまう。

前脛骨筋の強化は、短距離選手だけでなく長距離選手にも有効で、例えばかかと歩行を10m、かかとを浮かせた状態でのジョグを20m、計30mをシャトルランで合計60m×5セットなどの練習メニューを取り入れるとよい。

このように前脛骨筋を活性化させた状態で、フォア・フットを使ってバウンディングするドリルなども効果的である。

A歩行スパイラルバランス歩行 Menu 19

目的:バランスと重心高の姿勢維持
回数:20m×1セット

A姿勢での歩行。上げた脚と反対側の腕を上に伸ばした状態から、バランスを意識して歩行する

名将の観点 自然に倒れる

A姿勢で腕を上げた状態から、重心が移動したときにうまくバランスを取ることがポイント。重心移動は骨盤を前傾させて、そのまま倒れるような動作をする。自然に倒れるイメージで、脚を入れ替えるとよい。

レッグスイング in-out

Menu 20

目的：股関節・肩甲骨の動きを高める
回数：20m ×1セット

力のベクトルが上下に腕を風車のように回す

いろいろな動きに対応できるトレーニング。脚を伸ばしたまま、内側から外側に回すように動かしながら歩行する。

遊脚はスイングさせることによって上方向に持ち上がり、もう一方の支持脚は地面の方向に力を加えられる。

つまり、股関節から上方向に向かう力と、下方向に向かう力のベクトルになり、それに合わせて肩甲骨を緩めながら腕を動かす。肩甲骨が凝り固まっていると、腕を風車のように動かすことができない。

肩甲骨の動きと脚のスイング動作を合わせた腕の動きが大事である。

脚を内側から外側に回しながら、伸ばした脚を左右交互にスイングして歩行する

名将の観点

腕は肩甲骨を緩めながら動かす

まっすぐに脚を伸ばし、内側から外側に旋回させながら接地する。脚の動きに合わせて、骨盤や肩甲骨も一緒に動かすイメージで。腕は肩甲骨を緩めながら風車のように動かすとよい。

レッグスイング out-in　Menu 21

目的：股関節・肩甲骨の動きを高める
回数：20m×1セット

理想はつま先をタッチ股関節を伸展させる

　前ページとは逆に遊脚を外側から内側へスイングしながら歩行する。写真のように、脚をまっすぐに伸ばして、つま先を手でタッチできるのが理想的な形。ここまでできるようになるのは簡単ではないが、ここを目指してもらいたい。つま先をタッチしようと意識しすぎて、体が前傾したりしないように注意。まっすぐの姿勢は崩さない。

　動作のポイントは、股関節を伸展させて、加速させるようにスイングすること。また、腕と脚を自重でコントロールして地面に力を加え、バランスを取りながら、肩甲骨の力を抜いて重心を移動させることである。

脚を外側から内側に回しながら、伸ばした脚を左右交互にスイングして歩行する

名将の観点

脚と合わせて肩甲骨、骨盤も動かす

まっすぐに腕を伸ばし、脚を外側から内側に旋回させながら接地する。脚の動きに合わせて、骨盤や肩甲骨も一緒に動かすイメージで。

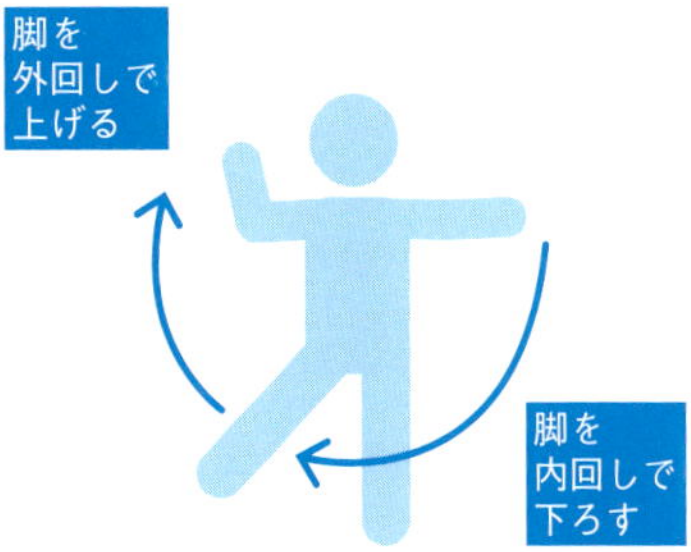

バウンド・ハイキック　Menu 22

目的：股関節・肩甲骨の動きを高める
回数：20m×1セット

水平レベルでタッチ足関節を背屈させる

下段左から2番目の写真のように、肩とつま先が水平レベルでタッチできるようになるとよい。足首を伸展させてしまう選手も多いが、足関節を背屈させた状態で行うと、このような動きができるようになる。無意識のうちに背屈させられる選手はいいが、できない選手は動きのなかで意識的に背屈するようにする。

例えば、メニュー18のかかと歩行はたいていの選手はできるが、動きをつけたメニューでも足関節を背屈したまま行うことができるかが、重要なポイントである。それができれば、トラックからの反発を効果的に得ることができ、スピードにつながる。

ステップをしながら腕を回し、手のひらに向けてハイキックする

名将の観点 リズムよく行う

Menu20、21 にステップを加えたもの。ステップの勢いを利用し、先の２つと同じように腕を風車のように動かす。リズムよく行うこと。

その場ランジ　Menu 23

目的:股関節筋群の活性化
回数:各自のできる範囲

その場でランジ姿勢をとる。脚を入れ替えて両方行う

名将の観点 “デコピン”をイメージする

人さし指の根元を股関節として考えて、第二関節を膝関節、爪・第一関節を足首に近い関節と考えてみよう。子どものころ、指の裏側から引きのばして“バン”と指を弾く、指パッチンでデコピンをしたことはないだろうか？　この指を弾くときのたわみが股関節にも作用しているのだ。

ランジ姿勢は動作の起点 “たわみ”を意識する

ランジ姿勢は動作の起点となる姿勢。

その場ランジの姿勢で上下に体を動かすと、股関節にいわゆる“たわみ”ができる。このたわみの力を使って、後ろ足を押し出すことで、前へ進む力が生まれる。

スタートブロックを使って、スタートダッシュをするときも、この股関節のたわみを使うことが、動き出しの起点となっている。

その場ランジのアレンジメニューとして、上方向へのジャンプを加えれば、より股関節のたわみを使えるようになる。また、ランジ姿勢からオープンブックを行うと、前鋸筋を活性化できる。

その場ランジから上方向ジャンプ

ランジの姿勢から腰に手をあてたまま、股関節のたわみを使って上方向にジャンプを繰り返す。

目的:股関節の強化
回数:各自のできる範囲
股関節のたわみを使う

その場ランジでオープンブック

ランジの姿勢を崩さず、指先を目で追いながら体を開いていき(オープンブック)、前鋸筋を活性化する。

目的:前鋸筋の活性化
回数:各自のできる範囲
指先を目で追う

その場ランジ(入れ替え) Menu 24

目的：股関節筋群の活性化
回数：10回

名将の観点 腕振りの力を加える

股関節のたわみの力を利用すると体が浮き上がるので、そのときに後ろ脚のプッシュを使って素早く脚を入れ替える。腕を振って力を加えるとよい。

その場ランジから股関節のたわみを使って素早く脚を入れ替える

名将のこぼれ話 関節の違いを理解しよう

ランジは股関節のたわみを使うのが大事。股関節は肩関節と同じく、球状関節であり、グルグルと回すことができる関節である。一方、膝関節や足首の関節は、昔の二つ折り携帯電話のように、パカパカと開くような関節。当然、動かし方も変わってくるので、こうした関節の仕組みの違いを理解することも大切だ。

ランジ入れ替え連続　前方移動　Menu 25

目的：股関節筋群の活性化と腕振りによる推進力
回数：10m×1セット

名将の観点　距離よりも動きを重視

腕を振り、骨盤を使って前傾姿勢になると前に進みやすくなる。股関節のたわみの力を利用し、後ろ脚のプッシュを使って脚を入れ替える。長い距離で行うよりも、動きを重視する。

ランジの姿勢から、脚を入れ替えながら 10 mほど前方に進んでいく

名将のこぼれ話

腕振りは肩甲骨が動き、肘が前に出る

腕振りとは肩甲骨が動き、肘が前に出ることが大事。しっかりした腕振りのためには、「腕」とはどこを指すのか、そのとらえ方を理解する必要がある。腕は肩関節からあるのではなく、肩甲骨が起点だと考えるようにするといい。

ランジ姿勢→前押し→ランジ姿勢　Menu 26

A姿勢
目的:股関節筋群と後ろ脚のプッシュの連動
回数:10〜15回
後ろ脚でプッシュ

ランジ姿勢から、体を前に押し出してA姿勢で静止。バランスを取って再びランジ姿勢に戻る。この動作を繰り返す

名将の観点　自然と後ろ脚でプッシュできるように

後ろ脚で押す動作が大切。反射的な動きでもあるので、体にインプットして、自然に後ろ脚をプッシュできるようにする。

ランジ歩行

目的：股関節筋群と後ろ脚のプッシュの連動による重心移動
回数：20m×1セット

左右交互にランジを行いながら前に進んでいく。
脚を入れ替える際には、一度A姿勢をしっかりつくる

名将の観点 フルフラットで接地

かかとから接地する選手も多いが、ここではフルフラットで接地する。股関節のたわみと、後ろ脚のプッシュのタイミングを合わせて進む。進むときは腕をしっかり振り、肘を前に出すようにする。

スキップ・スキップ・ランジ Menu 28

目的:重心移動による股関節筋群への負荷と姿勢の維持
回数:20～30m×1～2セット

名将の観点 ランジでしっかり止まる

重心を移動させながらランジ姿勢をできるようにするのが目的。スキップで重心移動して、臀筋作用でランジ姿勢ができるようにする。

スキップで前に進み、2回目のスキップの着地でその場ランジを行う。
脚を入れ替えながら前進する

名将のこぼれ話　マイケル・ノーマンの練習を参考に

ランジを用いたメニューを複数紹介したが、これはアメリカのマイケル・ノーマン（22年オレゴン世界陸上400m & 4 × 400mリレー金メダリスト）がUSC（南カリフォルニア大）時代に行っていたものを参考にしている。重心移動をしながらランジ姿勢ができればスプリント力の向上につながっていく。

スプリット・ジャンプ　Menu 29

目的：臀筋作用による姿勢の維持
回数：10回

軽い予備ジャンプから、脚を入れ替えずにスプリット・ジャンプ（空中で脚を大きく開くジャンプ）を連続で行う

臀筋作用を働かせて空中で一度止まる

スプリット・ジャンプは両脚の力を発揮させるトレーニングだが、臀筋作用が働かなければ前脚が屈曲せず、足関節を背屈させることもできない。

重視すべきは空中での姿勢で、上段左の写真のように、一度止まることがポイントである。臀筋作用が働いていない選手は、空中でフリーズすることができない。これは、走幅跳の選手の動きにも直結している。

さらに連続してできるようになったり、脚を左右交互に入れ替えて行ったり、いろいろ組み合わせた動きができるようになると、スピード持続力も高まる。

Level-up
左右交互に

脚を左右入れ替えながら、スプリット・ジャンプを連続で行う。脚を入れ替える際にバランスを崩さずに、着地位置が動かないようにする。

1-2ランジドリル

目的：臀筋作用によるスプリント姿勢の維持
回数：20～30m　左右各3～5回（各自のできる範囲）

一連の流れがスプリントに直結する

ランジには「突く」という意味があり、足を「突く」ように踏み出すことを意味している。2ポイントのスタート姿勢から行う1-2ランジドリルは、一連の流れがスプリントにつながっていく。

スタンディングの2ポイント姿勢から行うことで、スタートの前傾姿勢、低い体勢で前方に進む姿勢に直結する。

ジャンプしながらランジをする動きは、走りのなかの加速局面に応用できる。このドリルでは「ワン・ツー」というリズムで瞬間的に接地するので、特に加速局面での脚のプッシュに効果がある。

スタンディングの２ポイント姿勢から開始。
ジャンプして前に進みながら、脚を入れ替えずにランジを行う

名将の観点 バランスを取りながら連続で

その場でできていれば、動きながらでもできる。接地を意識して、重心移動する際にバランスを取りながら連続してできるようにする。その場でのランジジャンプ姿勢（77 ページ）ができないと、このドリルは難しい。

ベント姿勢からの立ち幅跳び　Menu 31

目的:スタート時の股関節筋群の作用と腕反動
回数:20m×1～3回

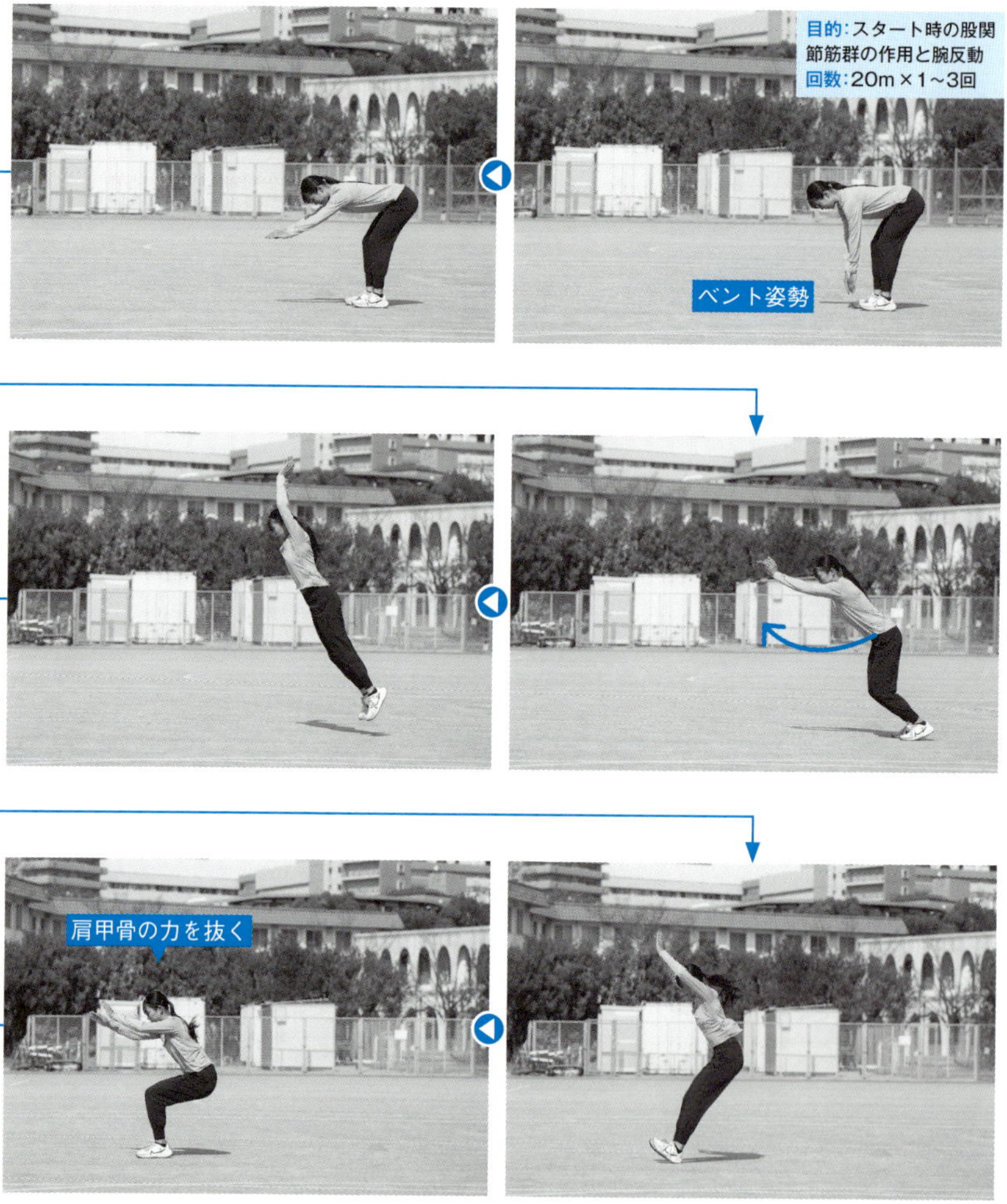

スタートの前傾姿勢、加速局面につながる

短距離のスタート時には、頭、肩、腰が一直線になり、その直線と足首を結んだ角度が45度になるのが望ましいとされている。この角度からスターティングブロックを飛び出したときの1歩のストライドは、ベント姿勢からの立ち幅跳びで両足着地した距離と相関関係がある。立ち幅跳びで着地したときに、足の幅を変えずにベント姿勢に持っていけるとよい。この動きを安定してできるようになれば、スタート時にも前傾姿勢を保ったまま、うまくバランスを取りながら加速できる。肩甲骨周辺の力が抜けていることが大切である。

ベント姿勢から立ち幅跳びを行う。腕をスイングさせて、股関節のたわみを使って跳ね上がる

ベント姿勢とは

手を地面に着いて一方の足を下げれば、そのままスタートのセットポジションになることから、ベント姿勢は加速するための基本姿勢ともいえる。

片脚ベント姿勢でのジャンプで前方移動 Menu 32

目的：臀筋の活性化による前傾姿勢の維持と体幹力のチェック
回数：20m×1〜3回

臀筋の活性化が最重要 鳥が羽ばたくように

片脚立ちでのベント姿勢からジャンプで前に進むため、より走りの動きに近くなる。臀筋が活性化していることが、正しい動きをするための絶対条件になる。股関節のたわみを使って体を持ち上げ、横に引き上げた腕を鳥が羽ばたくように回してジャンプするのだが、接地して片脚立ちのベント姿勢に戻ったときに、腕も遅れないように元の状態に戻っていることが大切。

片脚ベント姿勢でのジャンプ移動は、ここまでに取り組んできた肩甲骨周辺の動き、股関節のたわみ、足関節の背屈がすべてできていないとマスターできないレベルの高い動きである。

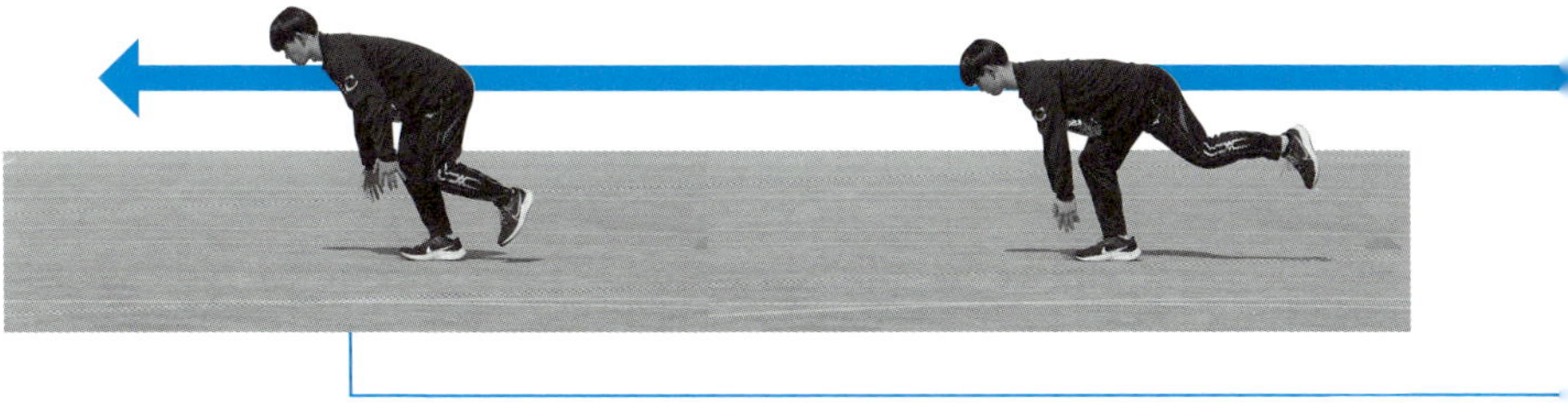

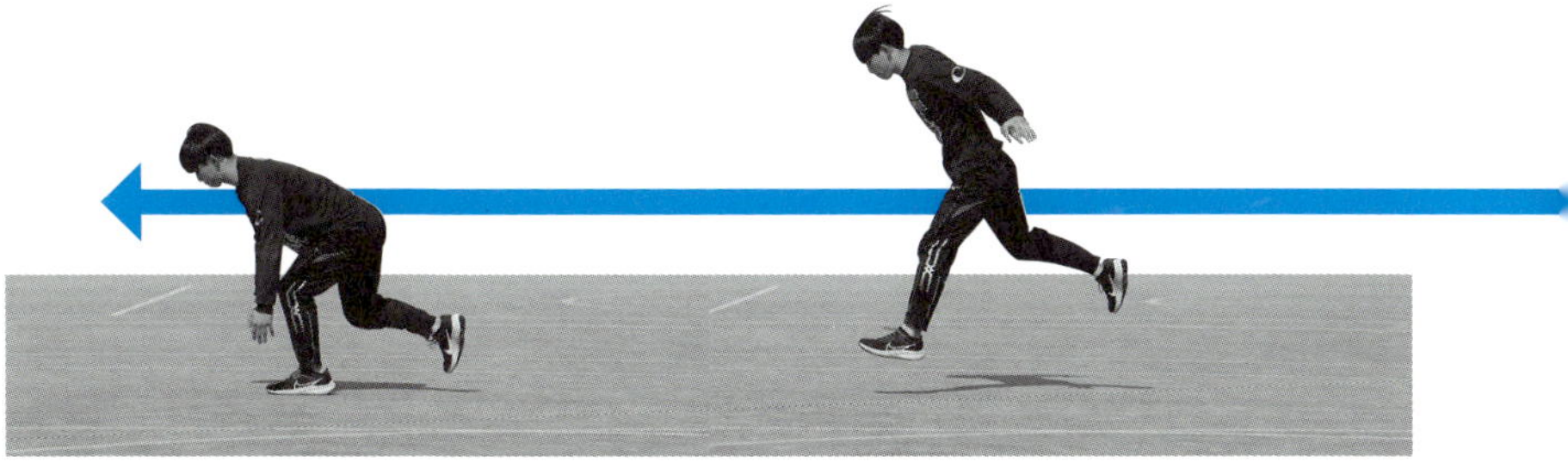

ベント姿勢で片脚立ちになり、着地の脚を入れ替えながらジャンプして前方に進んでいく

名将の観点 鳥が羽ばたくように腕を回す

上げた脚が地面と平行になった状態から開始して、股関節のたわみを使って体を持ち上げる。腕を横に引き上げたときに、肩甲骨の力を抜いて、鳥が羽ばたくように回す。

片脚ベント姿勢ジャンプミックス

Menu 33

目的：臀筋の活性化による前傾姿勢の維持と地面反力の受け止め
回数：20m×1～3回

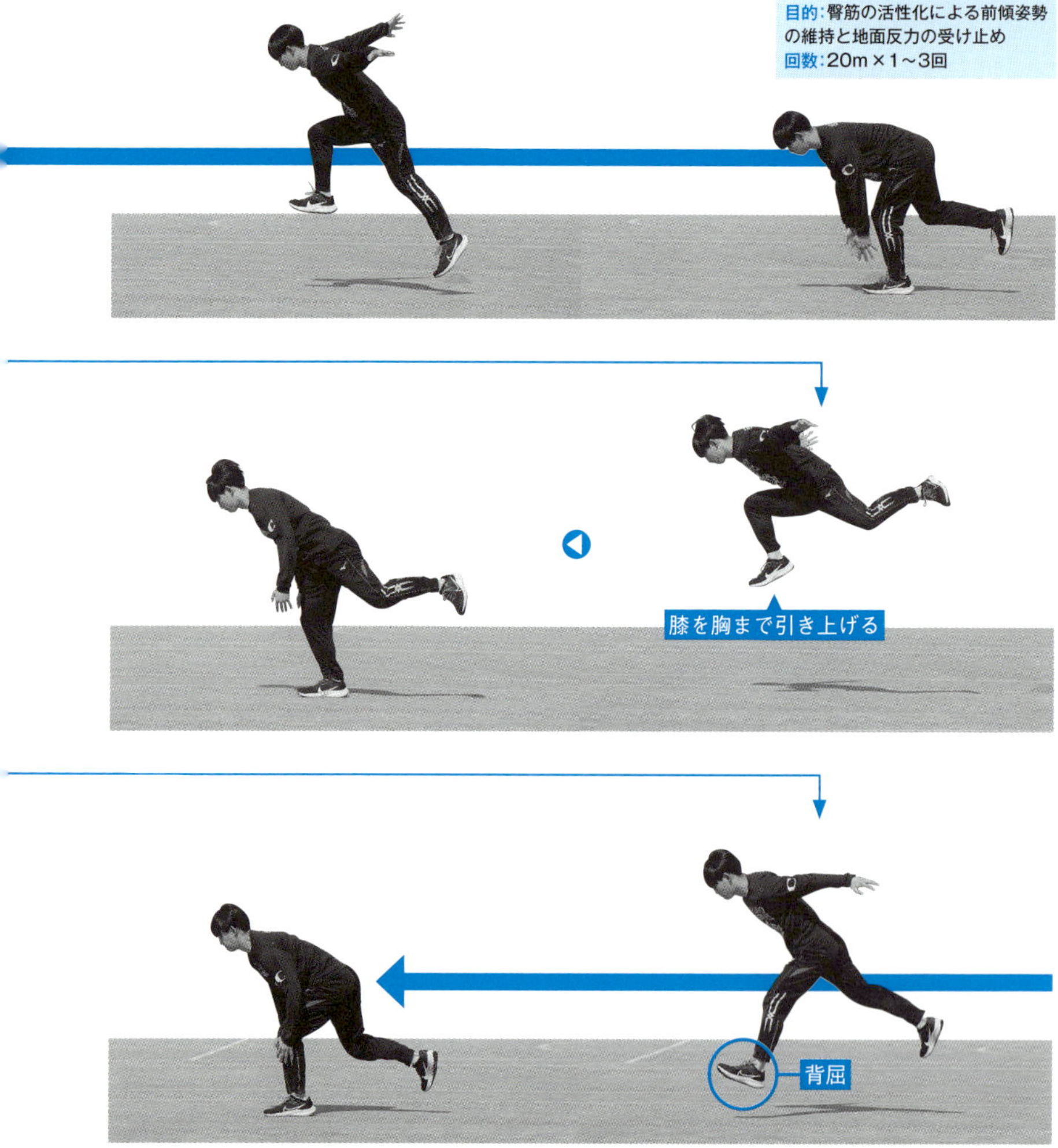

大腰筋の筋力が必要 一次加速の向上に期待

前ページと同じく片脚ベント姿勢からジャンプで前方に進んでいく。

メニュー32では股関節のたわみを使って体を持ち上げて前方に進んでいったが、ここでは一度接地したあとに、臀筋を使って膝が胸に当たるくらいまで引き上げるので、大腰筋の筋力が必要になる。この動きができるようになると、実際の走りで一次加速が速くなる効果がある。

また、着地の際は足を背屈させること。つま先着地をすると、接地時にブレてしまうので注意。

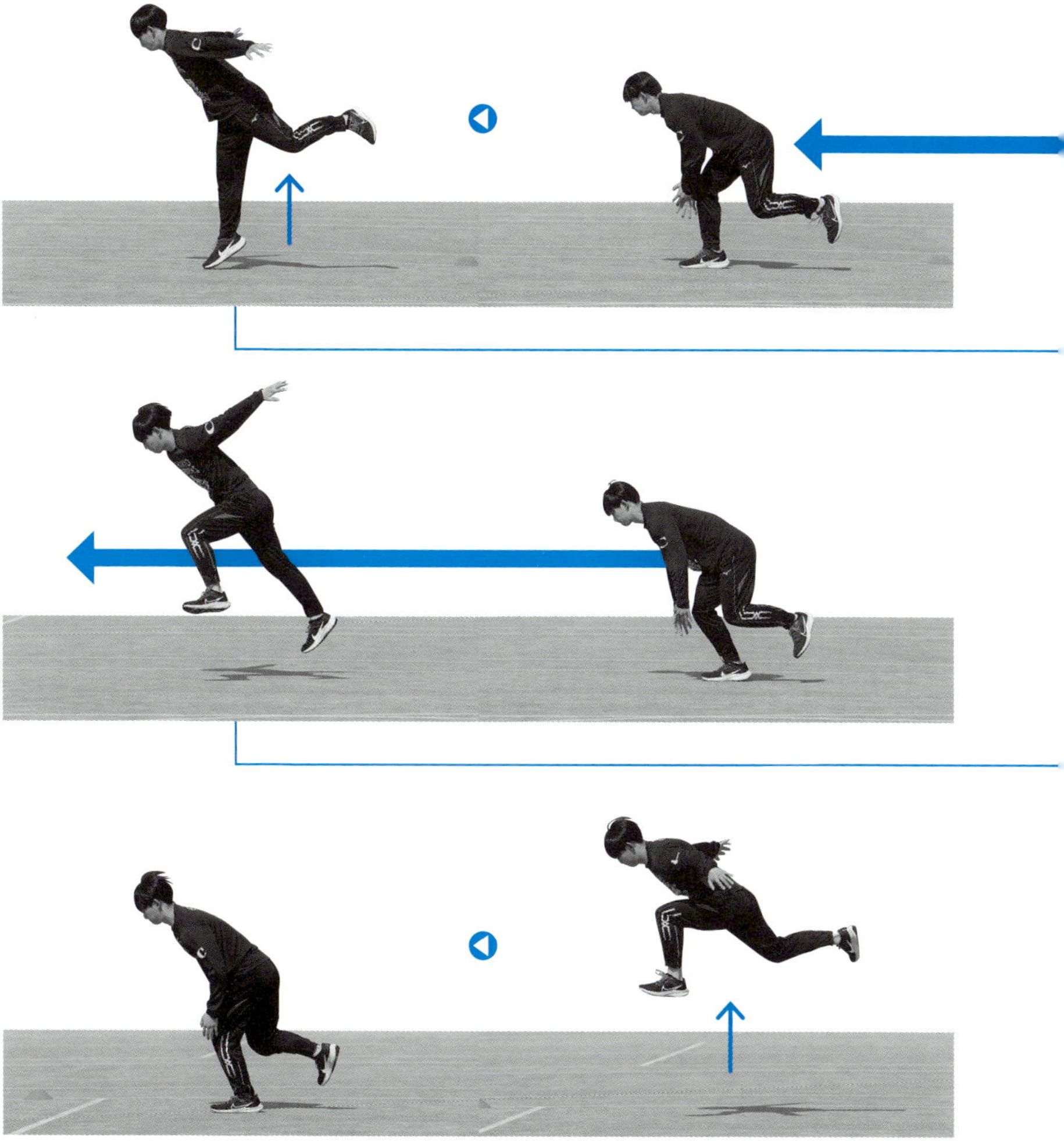

Menu32と同じく片脚立ちベント姿勢からジャンプして前方移動する。
着地後、その場で真上にジャンプ。脚を胸に引きつけるように高く跳ぶ

名将の観点 ! **足を背屈させて下りる**

足先から接地しないように注意する。難しいが、足関節を背屈させた状態で下りるとよい。

片脚ストレートレッグホップ連続・レッグスイング　Menu 34

目的:支持脚の弾みを利用した遊脚の反動動作
回数:左右各20m

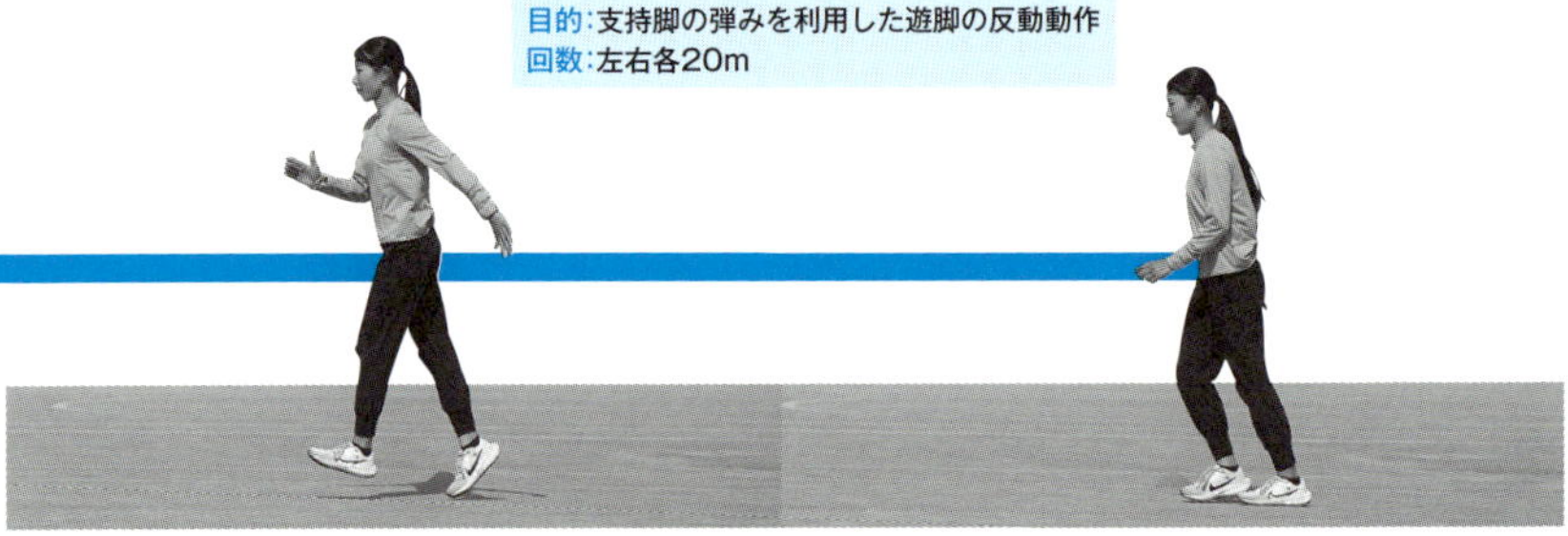

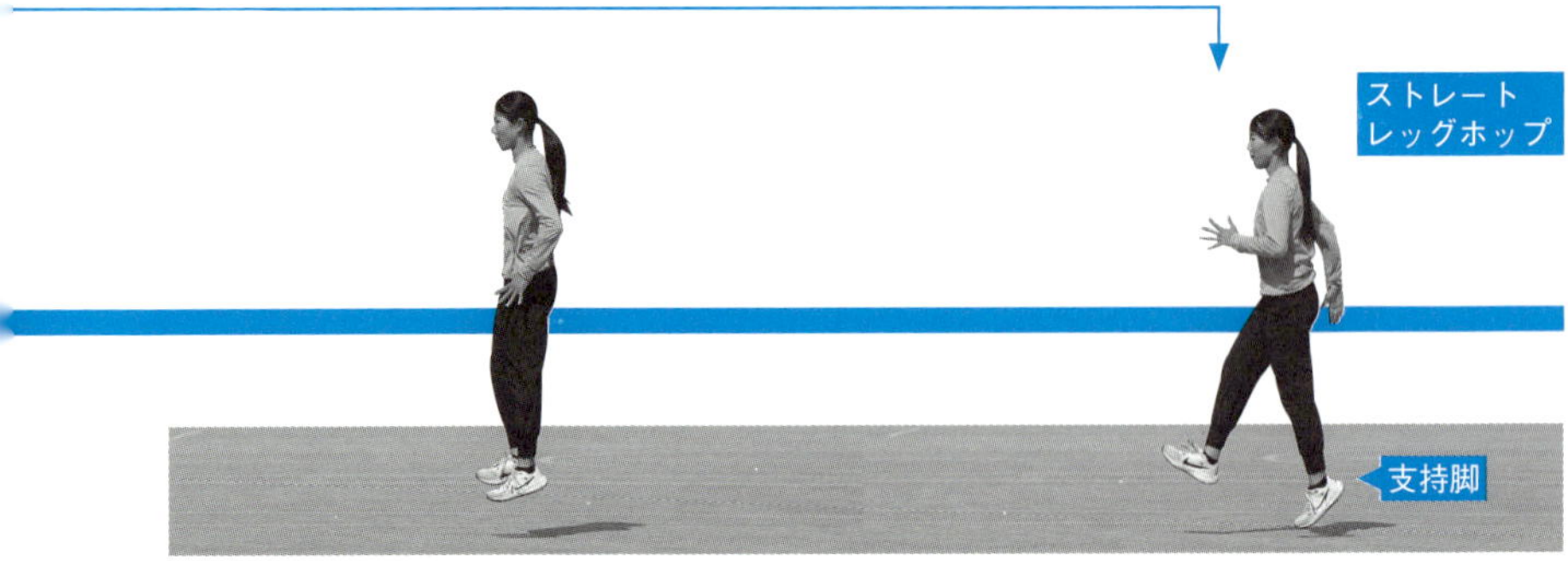

片脚（支持脚）はストレートレッグの動作、
もう一方の脚（遊脚）はスイング動作をしながら、前方に進んでいく

名将の観点　足を重ねて接地する

支持脚は弾むように接地し、遊脚は浮かせたままスイングする。両脚が同時に接地するタイミングがあるが、このときにつぶれないように足を重ねて接地する。支持脚が伸びて足関節が背屈していれば、重心が下がることはない。

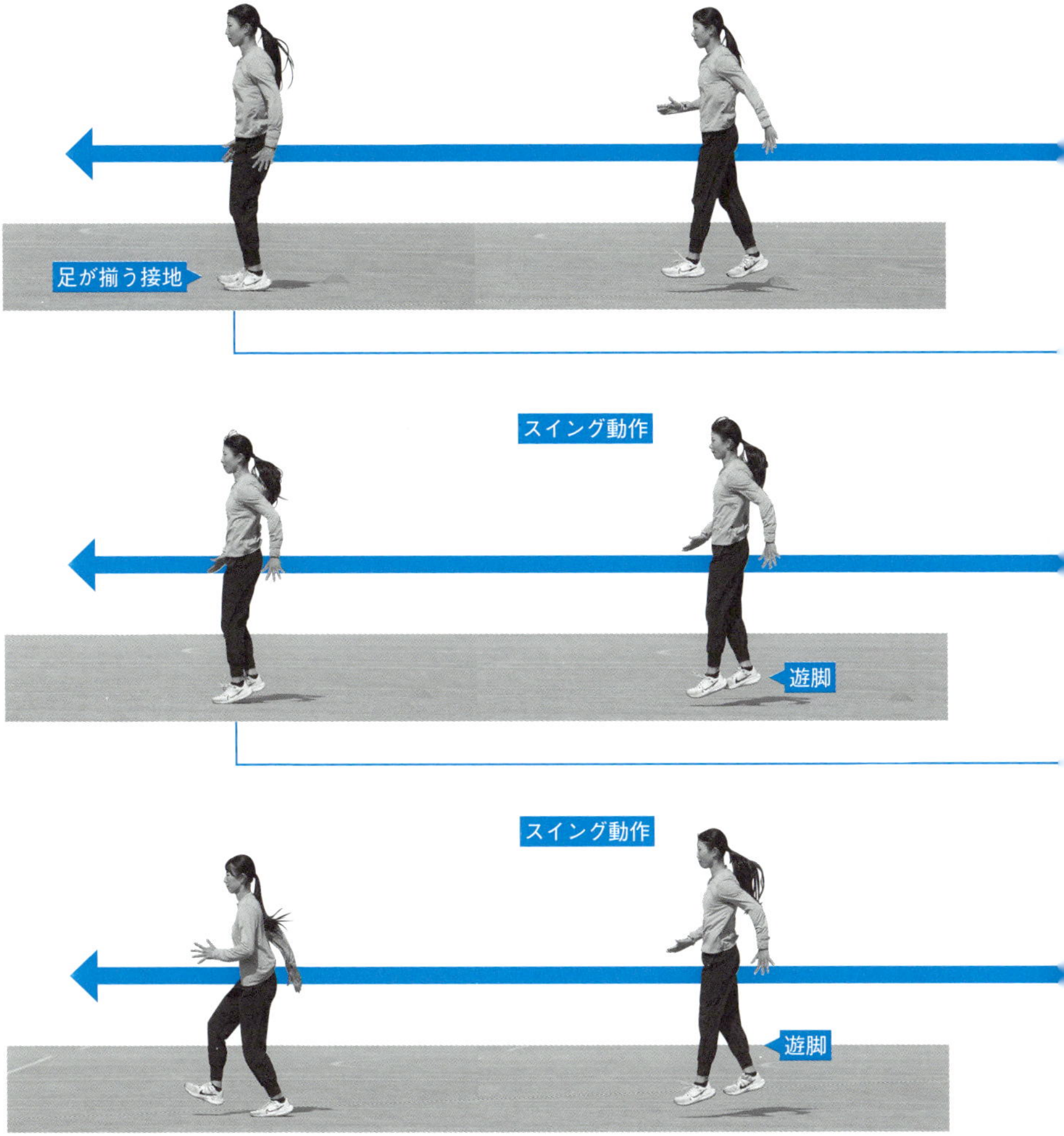

NG 接地でつぶれる

OK 接地時は足が重なるように

片脚ストレートレッグホップ3回＋バウンド

Menu 35

目的：臀筋作用と弾む方向性のコントロール
回数：20m × 1〜3回

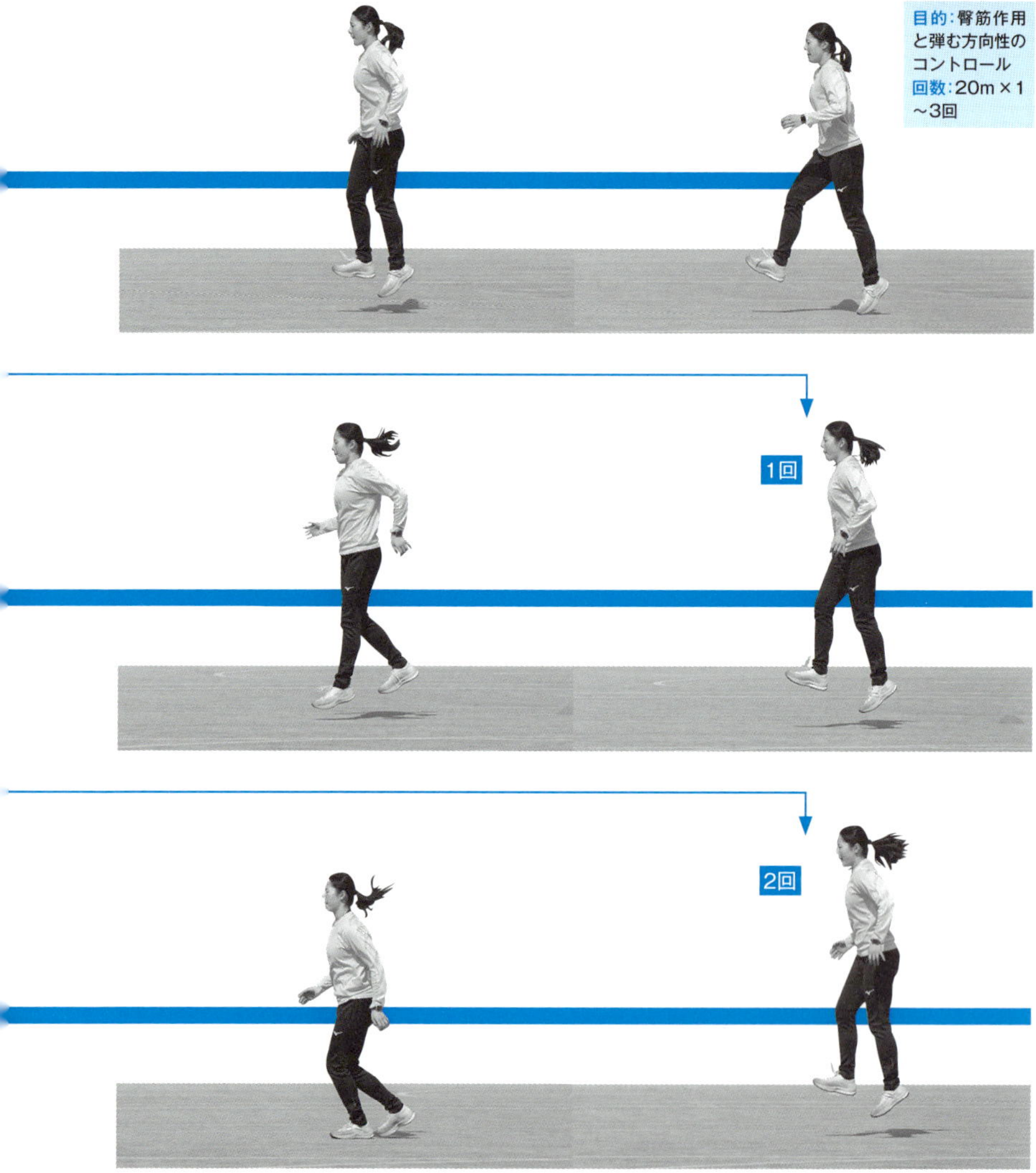

片脚（支持脚）はストレートレッグの動作で３回ホッピング。
３回目にはもう一方の脚（遊脚）をぐんと前に持っていき、バウンディングする

名将の観点 臀筋作用を利用してバウンディング

バウンディングのときには臀筋作用を利用し、膝を折りたたんで足関節を背屈させた状態で重心を前に進める。力を入れたままの状態ではなく、力を入れるポイントを集約する。

1章 チームづくり
2章 スプリント考察
3章 動きのチェック
4章 その場ドリル
5章 動きづくりドリル

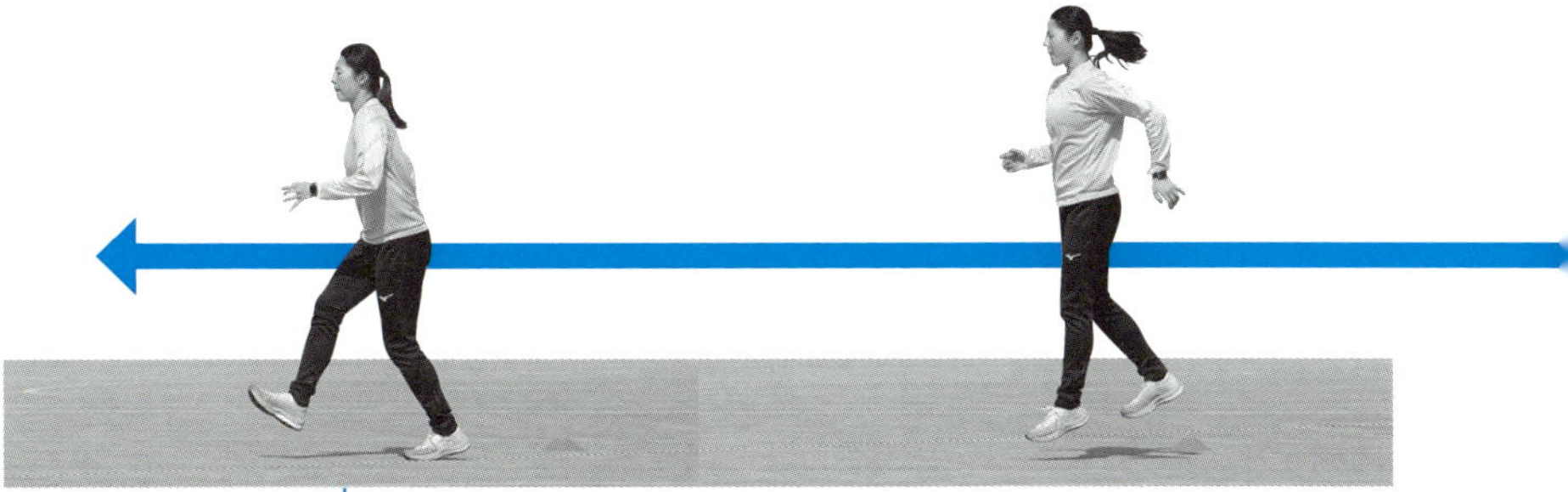

NG 足を背屈できない

OK 足を背屈する

水平スキップ×2から3回目で前へ

Menu 36

目的：接地から地面をプッシュして重心移動させる感覚を得る
回数：20m×1～3回

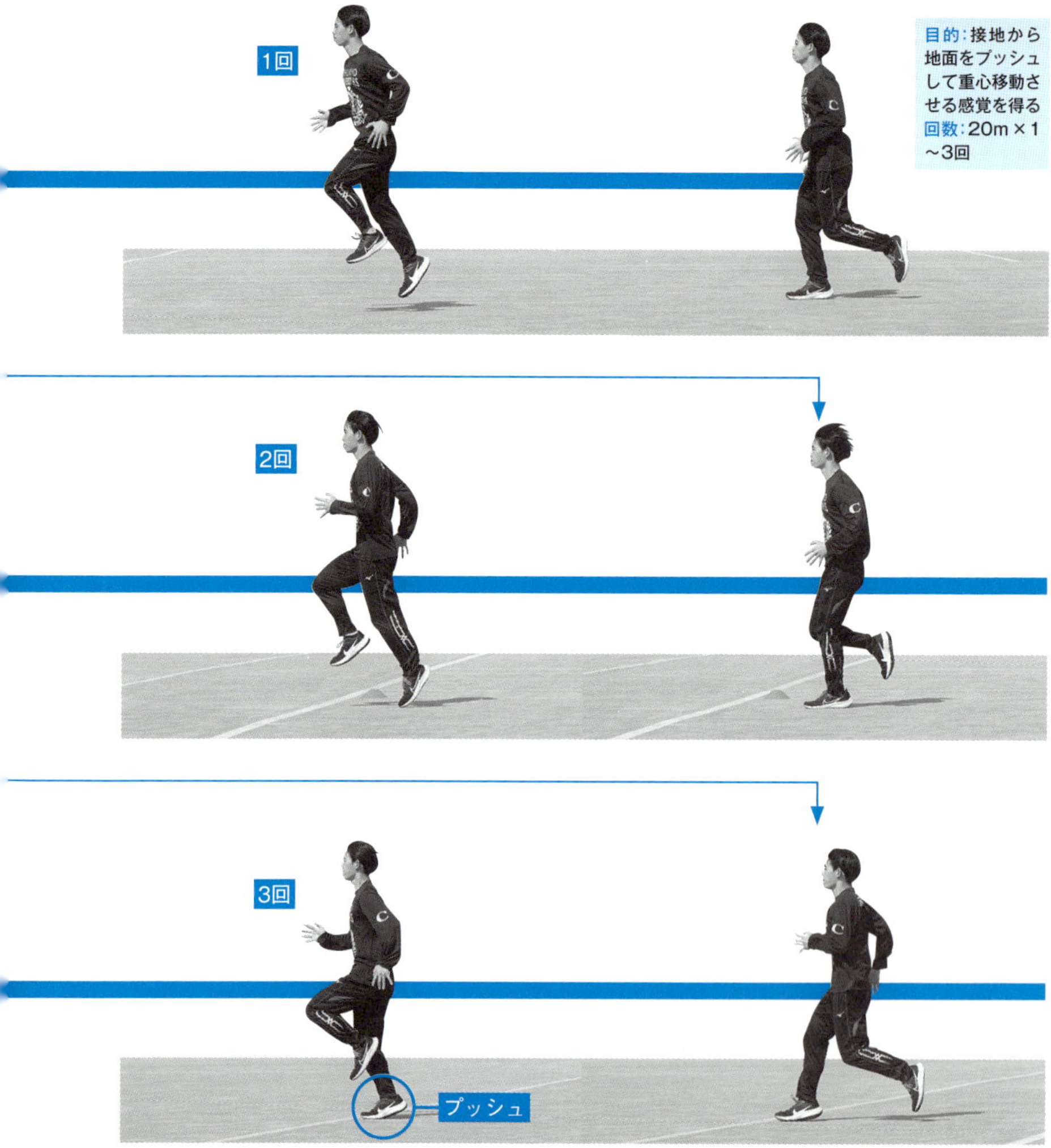

腕振りとプッシュで体を前に進ませる

この水平スキップはメニュー28のスキップ・スキップ・ランジの動きから、3回目のスキップは前に進む動きを強調する。この3回目のスキップの際に空中でランジ姿勢をつくる。

3回目のスキップでスイングスピードをグンと高めなければ、体が浮いてくれないので、足のプッシュとビュンという腕振りを使って、前に進むようにする。

通常のスキップは膝関節、足首の関節の力を抜いて行うが、このドリルでは、スキップから膝を伸ばした状態で接地。走幅跳の踏切のように、地面からの反発をもらうことが大事になる。

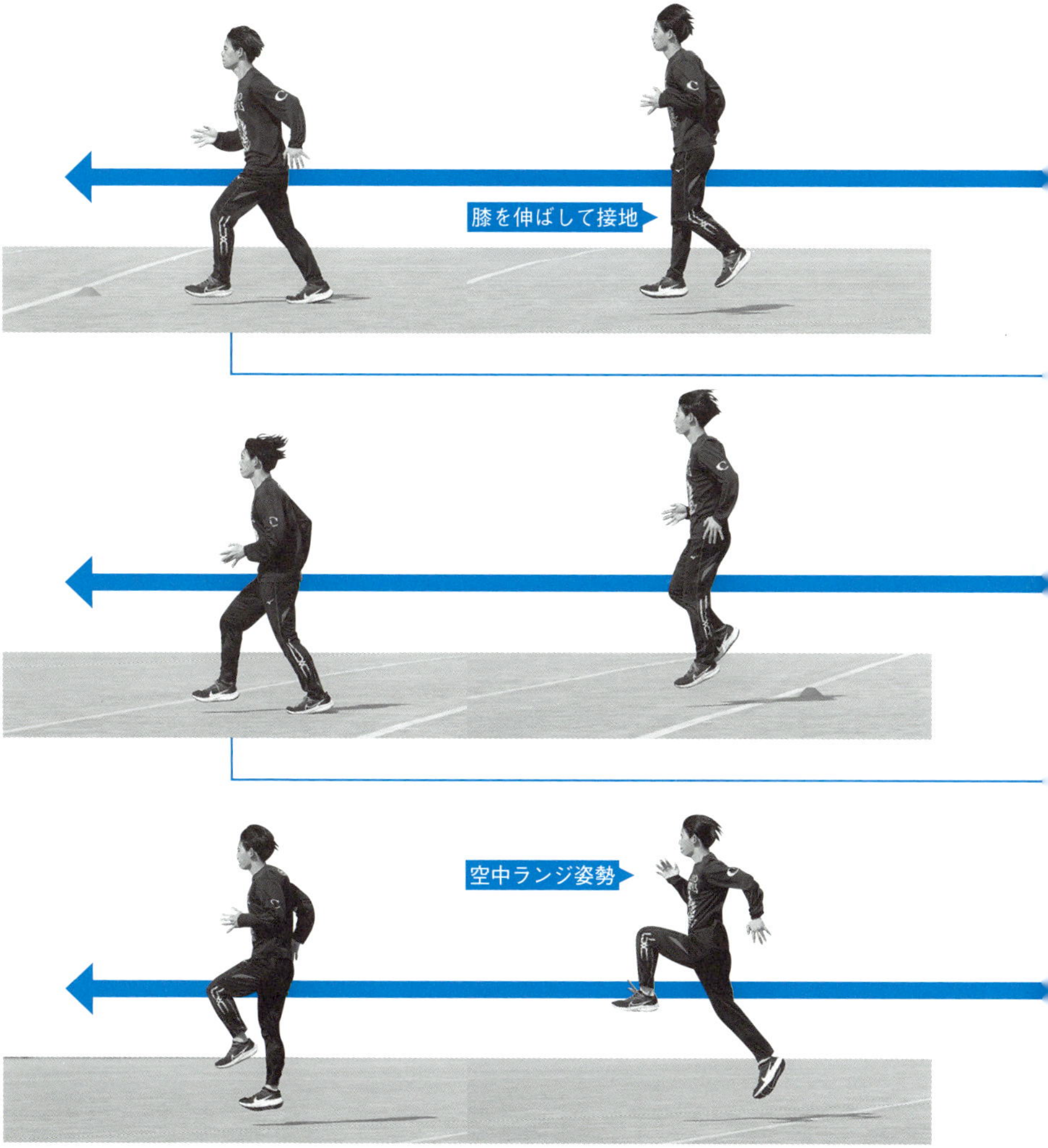

水平スキップを 2 回行ったあと、3 回目は前に進むように強調してスキップを行う

名将の観点 スキップでしっかりプッシュ

水平スキップ2回もただ足を置くだけでなく、しっかりプッシュして重心を移動させる。プッシュしてスイングのスピードを高めないと、体は浮かない。接地時には足関節を背屈させて、膝を伸ばした状態でないと、地面からの反発をもらうことはできないので注意する。

水平スキップからスプリント

目的：接地により重心移動して進む感覚を得る
回数：20m×1～3回

短い接地で力を加え、スピードを向上させる

短距離では、前に進むためにはいかにトラックに力を加えられるかが大切になる。出だしの水平スキップで、腕振りも利用して最も地面に力が加わる接地ポイントをとらえる。その感覚のまま、スプリント動作に入るようにする。地面に力を加えるだけならスキップのみ行うほうが効果は得られるが、スプリント動作を入れることで、短い接地時間で力を加えることができる。

この短い接地時間でトラックに力を加えることが、スピードという要素である。スピードを高めるためにも、スプリント動作を入れて短時間で接地する動きをつかむ。

水平スキップを数回行い、力を加えながらそのままスプリント動作に入る。
自分のタイミングで走りに切り替えてよい

名将の観点 **短い接地で走り抜ける**

スキップで地面に力が加わる接地ポイントをとらえたら、スプリント動作では短い接地時間で走り抜ける。

ビッグ・ボックス(リトル・ボックス) Menu 38

目的：自然な前傾姿勢からの加速動作
回数：10m × 3～5回

両脚で前、左右、後ろと四角形にジャンプする。最後に後ろに跳んだ瞬間に前傾姿勢になるので、そのままスプリント動作に入る

後ろ跳びで前傾姿勢に自然と体が倒れる状態

両脚で箱をつくるようなイメージでジャンプするのがビッグ・ボックスである。

リトル・ボックスとは、片脚ジャンプでそれよりも小さい箱をつくるイメージで、前、右左、後ろとコンパクトに跳ねる。前傾姿勢になって体が倒れる瞬間に、腕を振って足を前に踏み出すことで、スタート姿勢につながる。

スタート姿勢からの加速ドリルとしてトレーニングに組み込むとよい。自然に体が倒れる状態になってそのまま加速できるので、小学生でも気軽に取り入れることができる。

片脚立ちで前、左右、後ろと四角形にジャンプする。
最後に後ろに跳んだ瞬間に前傾姿勢になるので、
そのままスプリント動作に入る

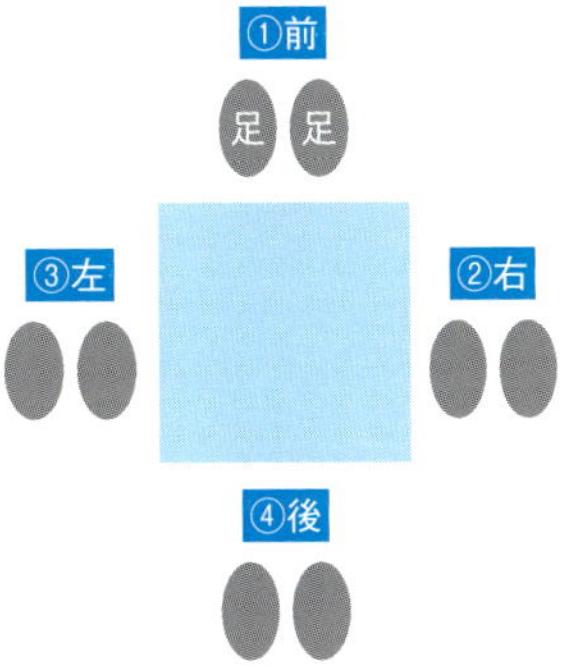

名将の観点

足で箱をつくるイメージ

足で箱をつくるイメージで跳ぶ。片脚立ちでは、後ろに跳んだときに遊脚のかかとは地面（トラック）と平行になるように。

Column 3

合同練習、復興支援
十数年にわたる岩手県との交流

1998年に男女共学化され、翌年から女子が入部すると、2期生の堀真弓が2002年茨城インターハイの七種競技で2位に入った。愛知県内では市邨学園高や愛知淑徳高ら女子校が強い時代だったが、堀の活躍が起源になって、女子もリレーを中心にチームを編成するところから始め、徐々に有力選手が入学するようになった。

04年の島根では、阪野裕子が100mHと400mHで入賞。女子のハードル2種目で入賞を達成したのは、阪野で2人目だった。当時、阪野が一緒に走っていた選手のなかに、岩手県の阿部幸彦先生（現・岩手陸協事務局長）の娘さんがいた。私が1976年長野インターハイの400mHで4位に入ったとき、5位だったのが当時水沢工業高の阿部先生だった。後になって知ったのだが、阿部先生は日大時代に、私の同級生と同じ寮で過ごしたこともあったそうだ。そんな縁がある阿部先生と、娘さんと阪野を通じて再会。阿部先生は当時、岩手県のハードル強化部長をされており、「岩手の強化に手を貸してくれないか」と依頼され、引き受けることにした。

毎年、岩手県が雪深くなる2月に選手たちに名古屋まで来てもらい、中京大中京高の選手と一緒に指導した。岩手県との交流は阿部先生が定年退職されるまで十数年に及び、現在日本のトップレベルで活躍する石川周平選手（富士通）も、花巻北高時代に参加してくれていた。その間、2011年には岩手県北上市でインターハイがあった。2月にも合同練習を行い、「インターハイに向けて頑張ろう」と励まし合った矢先、3月11日に東日本大震災が発生。8月のインターハイ開催は無理だと思われたが、競技場も見事に修復され、岩手陸協の方々の尽力で本番を迎えることができたのだった。このインターハイで、中京大中京高の女子が総合7位で初めて入賞を果たした。

大会が終わったあと、私と選手たちは地元の方に被災した沿岸部を案内してもらった。被災地の惨状を目の当たりにして、私も何か復興支援ができればという思いで、Tシャツをつくって配布した。また、陸上用品をすべて失った子どもたちに、シューズや練習用具を送った。縁がある地で起こった震災とインターハイ開催、2011年は忘れられない年となっている。

6章

スプリントバウンドドリル

スプリント動作では弾む動きが大事。スプリントバウンドドリルでは、
地面からの反発をもらう感覚をつかんでいく。

①前方

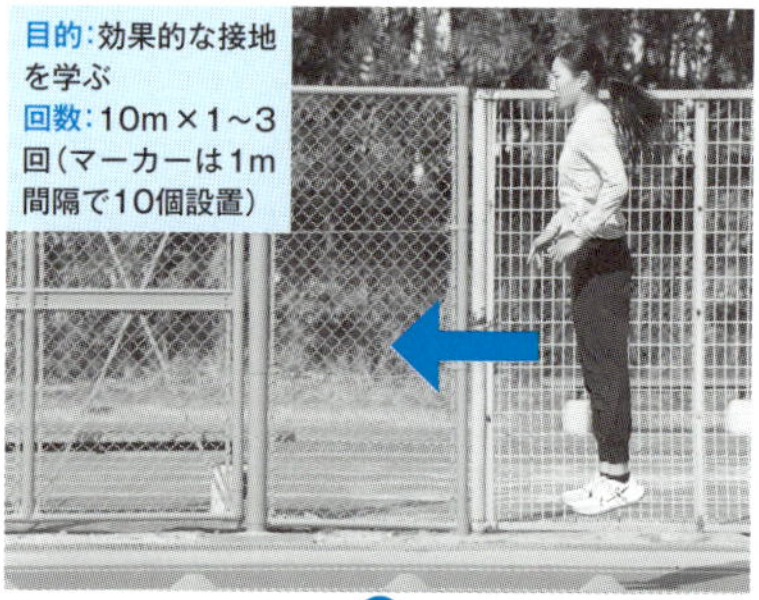

目的：効果的な接地を学ぶ
回数：10m×1～3回（マーカーは1m間隔で10個設置）

前を向いて両脚でバウンドを行い、前方に進む

Level-up

肩押し
バウンド

パートナーに肩を鉛直に押してもらって負荷をかけた状態でその場バウンドを行う

脚が伸びた状態で接地力が伝達される

スプリント動作とは地面から反発をもらう弾む動きの連動である。瞬間的に脚が伸びた状態で接地ができるようになれば、足から頭、指の先まで力が伝達される。

さらには両腕を動かすダブルアームで腕を使い、接地時に腕が体の側面を通過するようにタイミングを合わせると、バウンドに腕振りの力を加えることができる。

つま先立ちをしてかかとから一気に接地する「かかと落とし」をしてみるとその力の伝達がよくわかる。

②後ろ向き

後ろ向きになって両脚バウンドを行い、後方に進んでいく。後ろ向きでやることにより、臀筋作用がわかる。

目的：効果的な接地を学ぶ
回数：10m×1～3回（マーカーは1m間隔で10個設置）

③横向き

横向きでの両脚バウンド。進行方向を変えて左右両方行う。足先の向きが逆ハの字にならないように気をつける。

目的：効果的な接地を学ぶ
回数：10m×1～3回（マーカーは1m間隔で10個設置）
逆ハの字にならない

名将の観点 効果的な接地を学ぶ

接地は足関節を背屈させて、膝と足先が同じ方向を向いているのが望ましい。前方向だけでなく、後ろ方向、横（左右）方向と、いろんな方向にバウンドさせることによって、一番効果的な接地の仕方を学習できる。

目的：片脚荷重で重心を保つ
回数：10m×左右1～2回
（マーカーは1m間隔で10個設置）

脚がつぶれないように重心を一直線にする

前ページの両脚バウンドに続き、今度は片脚バウンドを行う。片脚荷重になると重心の位置を保つのが難しいが、臀筋作用を使って脚がつぶれないように、重心が一直線になるように意識する。着地でつぶれなければ地面からの反発を使うことができる。

　このドリルで、膝が曲がり、脚がつぶれる選手は、実際の走りでは後半の失速につながってしまう。しっかり弾んでいれば、後半まで同じ姿勢でスピードを維持できる。この片脚バウンドは、スプリント練習に必須のスピードを維持するトレーニングにつながる。

片脚立ちでバウンドしながら、前方に進む

横向き･後ろ向きでも

両脚バウンドと同じく、横向き、後ろ向きでもやってみよう。

ツーステップA　Menu 41

目的：真下に足を下ろした反動で重心移動する感覚の養成
回数：20～30m×1～5回（各自のできる範囲）

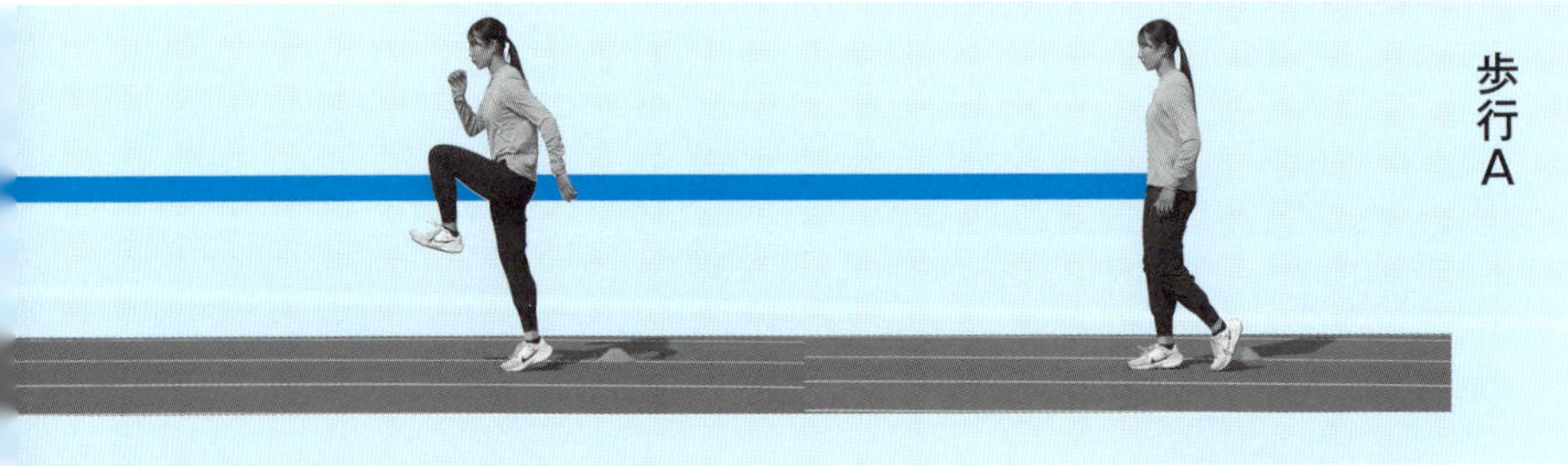

A姿勢をつくりながらツーステップを踏む動作を繰り返す。重心移動を伴ったときに、バランスを取りながら前に進めるかどうかが大切。ステップからA姿勢に移行したときに、膝が上がりすぎないようにする

ツーステップAの前段階として、A姿勢をつくりながら歩行する。意識的に歩くというよりも、骨盤を前傾させて体が倒れる瞬間に足を真下に置いて、バランスを取るとよい。脚を弾むつっかえ棒にするイメージで行う。

ストレートレッグ

Menu 42

目的：足関節を背屈してバウンドした接地動作による重心移動
回数：20～30m×1～5回（各自のできる範囲）

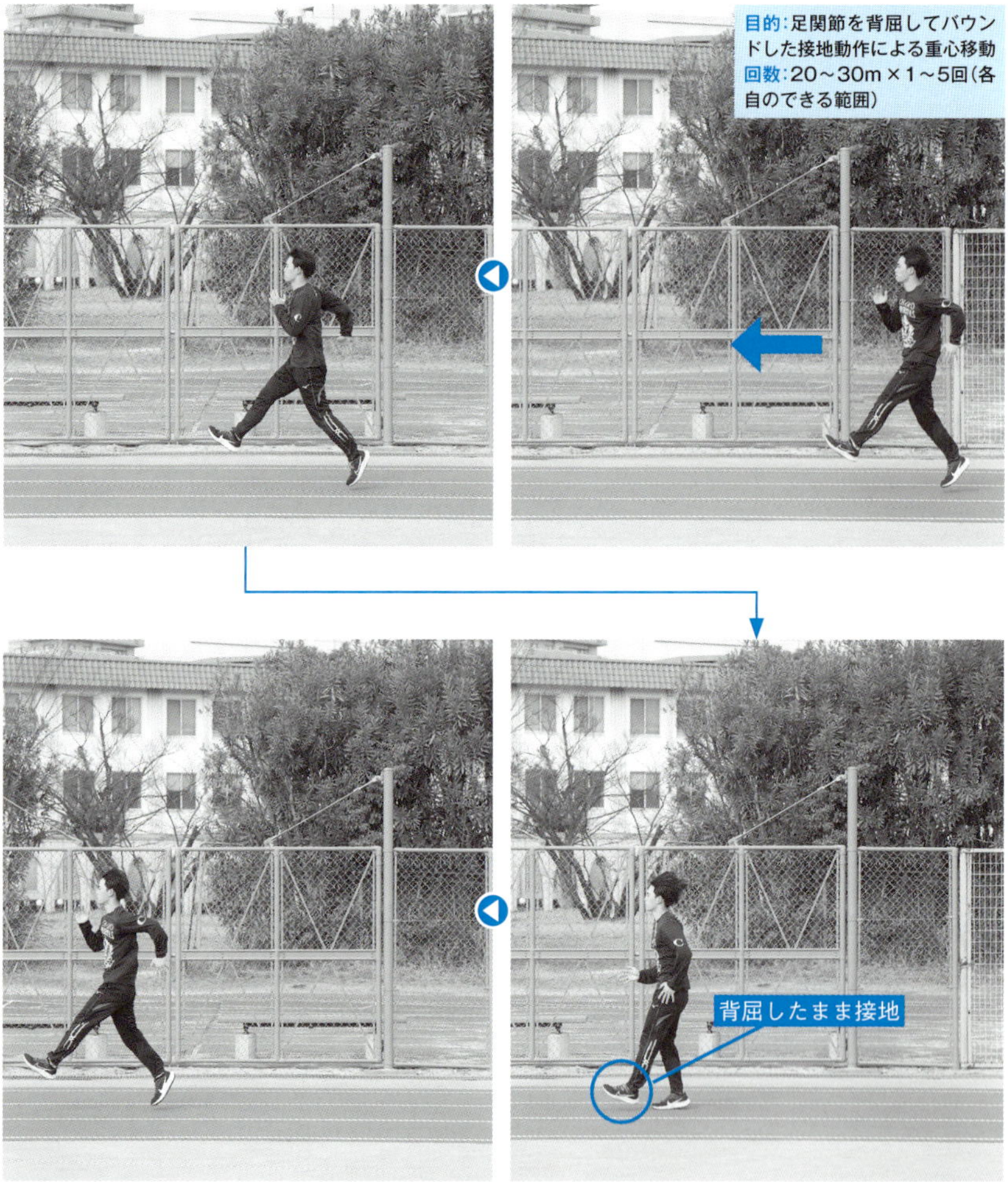

膝を伸展させたストレートレッグで、ステップを踏みながら前に進む

重心移動したときも足関節を背屈させる

ストレートレッグはその場ではほとんどの選手ができるが、重心移動しながら行うときに、足関節を背屈させたまま接地できるかがポイントである。

ストレートレッグ＋Aは片脚（支持脚）がストレートレッグ、もう一方の脚（遊脚）は膝を曲げたA姿勢の状態で、ステップを踏みながら前に進む。ストレートレッグ＋Bは片脚（支持脚）がストレートレッグ、もう一方の脚（遊脚）は膝を曲げたA姿勢の状態から、臀筋を緩めることで遊脚の膝が伸び、その伸びた状態のまま接地するBドリルの動きをする。脚を入れ替えて左右両方行う。

ストレートレッグ＋A

ストレートレッグとA姿勢を繰り返す

ストレートレッグ＋B

A姿勢から臀筋を緩めて膝を伸ばす

B連続

目的:バウンドした脚の軌道と切り替え
回数:20～30m×1～5回(各自のできる範囲)
A姿勢
膝が伸びて地面に力が加わる

まずA姿勢をつくって臀筋を緩めたら、そのままBドリルの動きをする。
それを連続で行いながら前方に進む

名将の観点 脚を伸ばして地面に力を加える

A姿勢から臀筋を緩め、膝を伸ばして地面に力を加える。意識的に脚を回すわけではないので注意。

7章

スタート練習

ここではスタート姿勢についての考え方や、
スタートダッシュを決めるためのドリルを紹介していく。

スタート姿勢

1. スターティングブロックからのスタート

スターティングブロック・スタート姿勢の確認事項

- 股関節角度の確認
- ベント姿勢、肩甲骨、背中の状態
- 体幹の力の入り具合（前鋸筋への意識）、腹腔圧はバルーンのイメージ
- フット・プレートの角度と跳び出し角度の調整
- フット・プレート上での足関節の伸展、蹴り上げの回避
- 前脚３：後ろ脚７の圧力配分イメージ
- 首の位置と視線

前3対後7の意識 両足で力を発揮する

400m以下の短距離種目ではスターティングブロックを使ってスタートを行う。本番のレースでスタートダッシュを決めるためにも、自分にとって一番飛び出しやすいスタート姿勢を確立しておく必要がある（確認事項は別枠）。スターティングブロックでは、前足荷重のみで力を発揮しようとする選手が多く見られるが、意識としては前3対後7と指導している。スターティングブロックからの1歩目は、唯一両足がフット・プレートに接地している状態なので、前足荷重のみでスタートするのではなく、後ろ足でプッシュして、両足の力を発揮することが大事だ。

2. リレースタートの構え

●2ポイント

●3ポイント

リレーの第2、第3、第4走者のスタート方法は、2ポイント、3ポイントを各自で選択してよい。どちらのスタイルも、実際に用いるフット・プレートの足幅を基点にし、膝角度は前脚 90 度、後ろ脚が 120 ～ 130 度で、前脚と後ろ脚の圧力配分が3対7になっているのが望ましい。

2～4走のスタート姿勢はある程度自由ではあるが、やはりスターティングブロックからの姿勢を基本に、それを応用するのがよい。スターティングブロックを使うと速く走れるが、リレーになるとうまく加速できない選手は、すぐに体が起き上がってしまう傾向にある。それでは一次加速が機能せず、最大スピードに達しない状態のまま走ることになる。スタートから一次加速まで前傾姿勢を維持して、二次加速で最大スピードに達することができるよう、正しい2ポイント姿勢、3ポイント姿勢で練習しよう。1歩目から腕反動を使える3ポイントスタートは、海外の選手もリレーで取り入れている。

2ポイントスタート　Menu 44

2ポイントスタートの姿勢。両足で接地、腕は前後に。
足幅はレースで使うフット・プレートの幅に合わせる

フット・プレートの足幅で力を発揮する2ポイントスタート

スプリント種目のスタート方法は2パターンしかない。スターティングブロックからのスタート方法と、リレーの第2〜第4走者のようにスターティングブロックを使用しないスタート方法である。

400m以下の距離の種目では、スターティングブロックの使用が必須である。リレー種目では、第1走者以外は構え方を含めて自由にスタートできる点が、個人種目とは異なる。そのため、2パターンのレースを想定して、セット姿勢からのスタート練習をするとよい。

まず1つ目は、スターティングブロックで用いるフット・プレートの足幅に合わせる方法。通常のスタート練習では、足幅を気にせず無作為に行っている選手が多いが、レースで使うフット・プレートの足幅に合わせて練習しないと、実戦でのスタート、加速局面につながらないといえる。そして2つ目は、リレーのスタートに準じ、自分の感覚で足幅を合わせ、自由なスタート姿勢をとる方法である。

練習では、右ページの左側の写真のようにライン上を走ることで、重心が傾いていないか、力の配分が左右均等になっているか、さらには接地位置を確認できる。

2ポイントスタートは前足荷重になるので、後ろ足を押せない選手が多い。セット姿勢時は唯一、両足が接地している局面である。ハードルジ

目的:2ポイントスタートを学ぶ
回数:10〜30m 8歩
(各自のできる範囲)
腕反動をしっかり使う
後ろ足でプッシュ

セット姿勢から飛び出す。腕反動をしっかり使う。
後ろ足のプッシュを意識することで、両足に力が加わる

ャンプを実施したとき、両足ジャンプと片足ジャンプのどちらが高く跳べるか考えてもわかるように、1歩目は両足の力を有効に活用すべきである。また、この両足を使える局面で後ろ足のプッシュを意識することで、両足に力が等分にかかると推察できる。続く2〜6歩目までは、メニュー48で行う脚の動きを再現するとよい。

2ポイントスタートは両腕が前後に位置していることでスタート直後に腕反動を使うこともできる。この腕反動のバランスで前傾姿勢を維持できるのだが、それには上体の筋力と腹腔圧の維持が必要である。

3ポイントスタート　Menu 45

目的：3ポイントスタートを学ぶ
回数：10～30m 8歩（各自のできる範囲）

3ポイントスタートは両足と片手で支持したスタート姿勢で、スターティングブロックからの動きに近い。地面に着いていないほうの腕を後方に引き上げた姿勢からスタートすることにより、1歩目から腕反動を使いやすく、推進力を得て前に進みやすくなる。両手をセットポジションに置くスタート練習の前段階として、3ポイントスタートを取り入れるのがよい。

スタートしたら腕反動を効果的に使って前傾姿勢を維持。足関節が伸展しないように、背屈させる。また、接地面が広くなりすぎないよう、シューズの前部で接地する。スターティングブロックを使用して3ポイントスタートを行う場合には、フット・プレートの押し出しを確認しよう。

3ポイントスタート姿勢から腕反動を使ってスタートする

名将の観点

1歩目から腕反動を使う

1歩目から腕反動を使い、推進力で前に進む。飛び出したら前傾姿勢を維持し、足関節が伸展しないように走る。

手腰で倒れ込みスタート　Menu 46

目的：腕振りの推進力を外した状態で接地のみによる加速力
回数：1～6歩×1～3回

スターティングブロックは使用せず、両足を揃えた状態から、
手を腰に当てて倒れ込むようにスタートする

両足を揃えた状態からの倒れ込み動作で接地確認

手を腰に当て、腹腔内圧の高まりを確認した状態をつくる。両足は、スターティングブロックで使用するフット・プレート幅を原則とする。

静止状態から加速する際、前傾姿勢の維持が加速につながる。この前傾姿勢の土台となるのが脛の角度である。フット・プレート角度と足関節の背屈により決定する。ベント姿勢を維持して前方へ倒れると防衛本能が働き転倒しないように自然に足が前に出て体を支えることになる。4歩倒れながら接地して、次の4歩を腕反動により加速することで腕振りの効果を体感することになる（メニュー48参照）。

バー保持前傾スタート Menu 47

目的:前傾姿勢を保つ
回数:1~6歩×1~3回

バーを膝の位置で持ち、腕を伸ばした状態で前傾姿勢を保ったままスタートする。バーの代わりにタオルやチューブを使ってもよい

NG

体が起き上がる

腕の力を使うと体が起きてしまう。バーを持つことによって、体の位置や傾斜を確認。バーが上がれば体が起き上がってしまうが、膝の高さで維持できていればOK。

4歩倒れ込み4歩腕反動　Menu 48

目的：腕振りの推進力を外した状態から腕振り効果による加速の体感
回数：5～8回

4歩で接地を安定させ5歩目から歩幅伸ばす

短距離では、スタートから2歩はほぼ足を置くだけで、次の2歩が一次加速につながるため重要となる。この最初の4歩で遅れることは、短距離、特に100mのレースでは致命的である。

この手腰で倒れ込む4歩で接地位置や前傾姿勢が安定すれば、5歩目からの4歩で腕の反動を使うことによってストライドが伸び、前傾姿勢を維持したまま体が前に進む感覚を得られる。4歩目までしっかり前傾を保ち、次の4歩の腕振りにつなげていくこと。腕反動を使う4歩からが、短距離でいう二次加速に直結していく。

Menu46 の手腰で倒れ込みスタートをする。
4 歩目までは手腰で 5 歩目から腕反動を加える

名将の観点 前傾姿勢を維持するための腕反動

5 歩目からは腕を振るというより、腕の反動を加えて前傾姿勢を維持するための推進力にするイメージで行う。1 歩目から腕反動を加えると、接地位置がずれてしまう可能性がある。接地を安定させるためにも、4 歩目までは手腰で行うようにする。

メディシンボール投げ Menu 49

①静止ベント姿勢から

目的：股関節伸展によりボールに力を加える
回数：2歩加速（各自のできる範囲）

ボールを地面に置き、静止ベント姿勢から立ち上がり動作でボールを投げる。
股関節伸展によりボールに力を加える作用が飛距離となる

名将の観点 一歩踏み出して体は一直線に

両足で地面を押して、ボールに力を加える。左下の写真のように、一歩踏み出したときに体が一直線に伸びるようにする。ボールが手から離れる瞬間まで足を浮かせない。手から離れた直後も、脚を回転させたり、蹴り上げたりせず、前方向に進む。

②立位姿勢から

目的:ボールが落下する重力加速反動を利用した加速動作
回数:2歩加速(各自のできる範囲)

立位姿勢からボールを頭上で保持。
180度上からボールを下ろし、重力で落ちてきた反動を使ってボールを投げる

名将の観点 切り返しのスピードを重視する

ボールの落下中、力を加えないで落ちる寸前の切り返しスピードを重視する。ボールの落下による加速を股関節伸展と連動させることで地面反力が増し、飛距離が伸びる。

③2ポイント姿勢から

目的:スタート姿勢からボールの負荷による反動の加速
回数:2歩加速(各自のできる範囲)

ボールを地面に置き、2ポイント姿勢の足幅に合わせて立ち上がり動作でボールを投げる

名将の観点 後ろ足でプッシュ

後ろ足で地面をプッシュすることを意識する。左下の写真のように、一歩踏み出したときに体が一直線に伸びるようにする。

④スターティングブロックから

目的:フット・プレートの傾斜を利用した反動の加速
回数:2歩加速(各自のできる範囲)

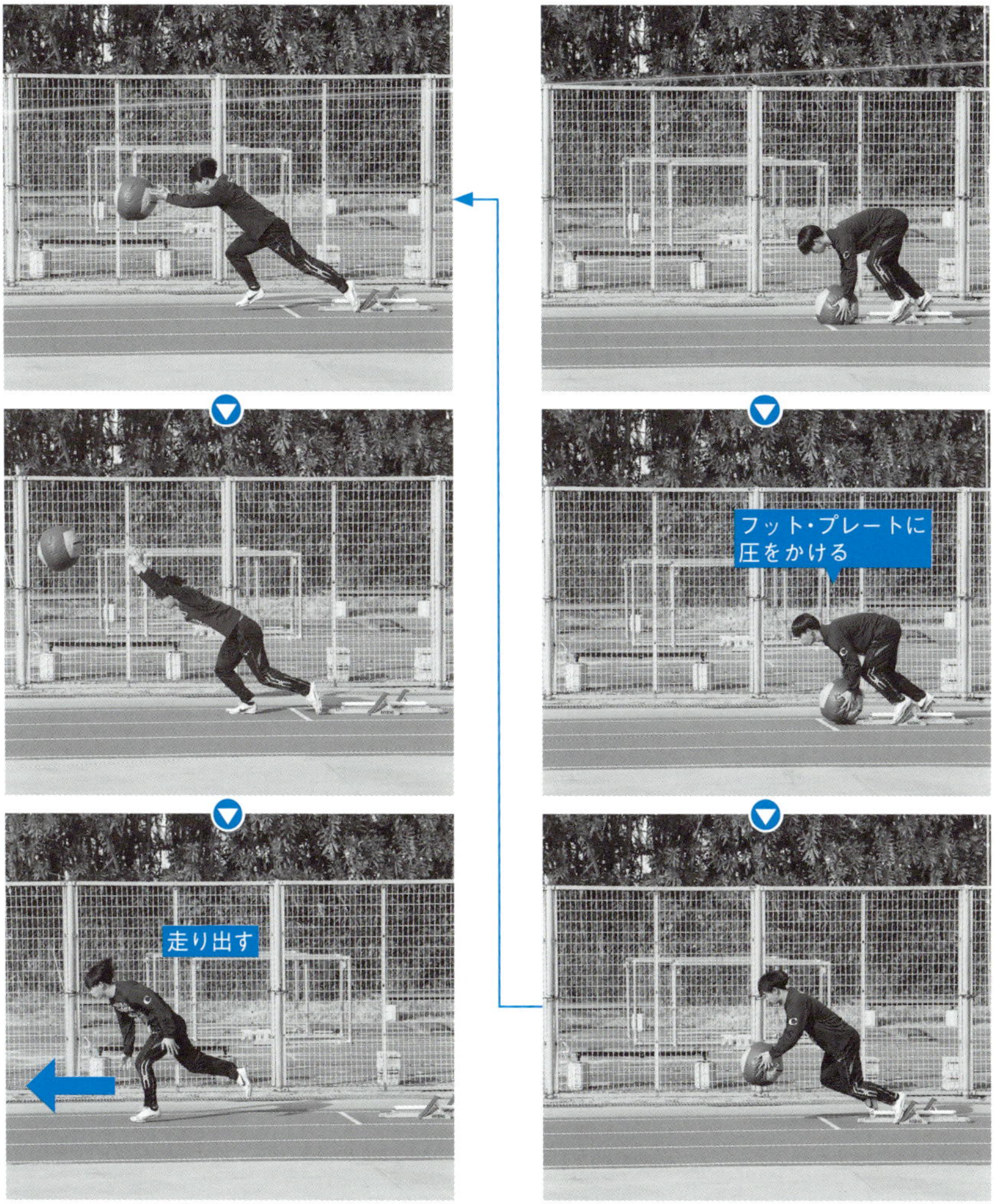

スターティングブロックにセットする。ボールを地面に置き、スタート動作でボールを投げ、そのまま走り出す

名将の観点 フット・プレートに圧をかける

スターティングブロックを使うことで、より地面からの反発をもらうことができ、スピードが出る。フット・プレートの足幅は、実際のレースと同じに。フット・プレートにどれだけ圧をかけられるかがポイントになる。

Column 4

悔しさが残るバトンミス 総合優勝への影響を痛感

リレーでの失敗という苦い経験もした。男子４×100mRでは、2019年の沖縄インターハイを制し、新型コロナウィルスの影響でインターハイが中止された翌年には、代替の全国高校リレーで優勝した。しかし、全国大会３連覇が懸かった21年の福井インターハイでは、予選でバトンを落として失格となった。６月の東海大会でも、優勝しながらバトンミスがあったことから、私は招集前に「ミスはしないように」と選手たちに声をかけた。ところが、急な大雨もあり、２走から３走へのパスでバトンが飛んでしまい、３走が転倒するアクシデントが起こった。仕方ないことではあるが、スピードレベルが上がった状態でのバトンパスの難しさに対応できなかったと感じている。

女子の４×100mRは20年の全国高校リレー、21年の福井、22年の徳島と全国大会3連覇を達成できたが、23年には東海大会の予選でバトンミスがあり、北海道インターハイに進むことができなかった。監督としての最後の年だっただけに悔いが残る。

もちろん失敗はやむを得ないことだから、私は常にそれを引きずらないように指導してきた。ただ、福井では23年ぶりの男子総合優勝を目指していたし、北海道でも４×100mRの得点があれば女子総合３連覇を達成できたかもしれないと思うと、インターハイではリレーの得点が総合に影響することを改めて痛感した。

リレーはチームスポーツだから、４人だけで戦い抜くことは難しい。私の後任で、教え子でもある佐橋弘晃先生には、個人種目の100mに出場する選手が存分に力を発揮できるようリレーメンバーを育成すること、誰がどの走順を任されても勝ち上がっていけるチームをつくることを伝えてきたが、そのチームづくりが実り、24年の福岡で女子が王座を奪還してくれた。

前年にバトンミスをしたメンバーが翌22年の徳島インターハイでは３位に入賞

8章

ハードルドリル&ハードルヒップジョイント

ハードルを使っての股関節運動となる
ハードルドリルとハードルヒップジョイトを紹介していく。

ハードルヒップジョイントとは……

ハードルを使用して脚の軌道を確保する

脚の軌道の確保がうまくできない場合は補助を用いる

ハードルを使用した股関節運動

ハードルドリル、ハードルヒップジョイントは、ハードル選手専用のメニューではない。ハードルを使った股関節運動と考えてほしい。

難易度は上がるが、脚の軌道を固定できるため、ハードルを使用することを推奨している。ハードルの高さは調整が可能なので、自分の股関節の柔軟性に合わせて調整して行う。

この練習に取り組む順序としては、まず脚の軌道の確保、次に等速で軌道を確保する、どうしてもできない場合は補助をしてもらう。最後には重力を利用した自分で加速させる動きにつながるようにしていく。

ハードルヒップジョイント～壁横立ち

①脚を前から後ろに回す

ハードル中心部に横向きに立ち、膝を伸ばした状態で脚を前から後ろに回す。

②脚を後ろから前に回す

ハードル中心部に横向きに立ち、膝を伸ばした状態で脚を後ろから前に回す。

名将の観点 足は背屈して固定する

左右両方の脚で行う。ハードルの高さは、各自の股関節の柔軟性に合わせて調整するとよい。支持脚でしっかり立ち、スイング脚に力を加える。また、脚を回したときに、スイング脚の股関節が外旋して足先が外に向かないように、足は背屈して固定する。後ろから前に回す場合、脚を下ろすときに重力を利用して加速させる。

③前 - 後 - 前連続

目的:軸を形成した臀筋作用による股関節の重力加速
回数:左右各10～12回

ハードルの横に立ち、片手を壁に、もう一方の手は上に上げる。膝を伸ばした状態で円を描くように、脚を前から後ろ、後ろから前と連続で回す。

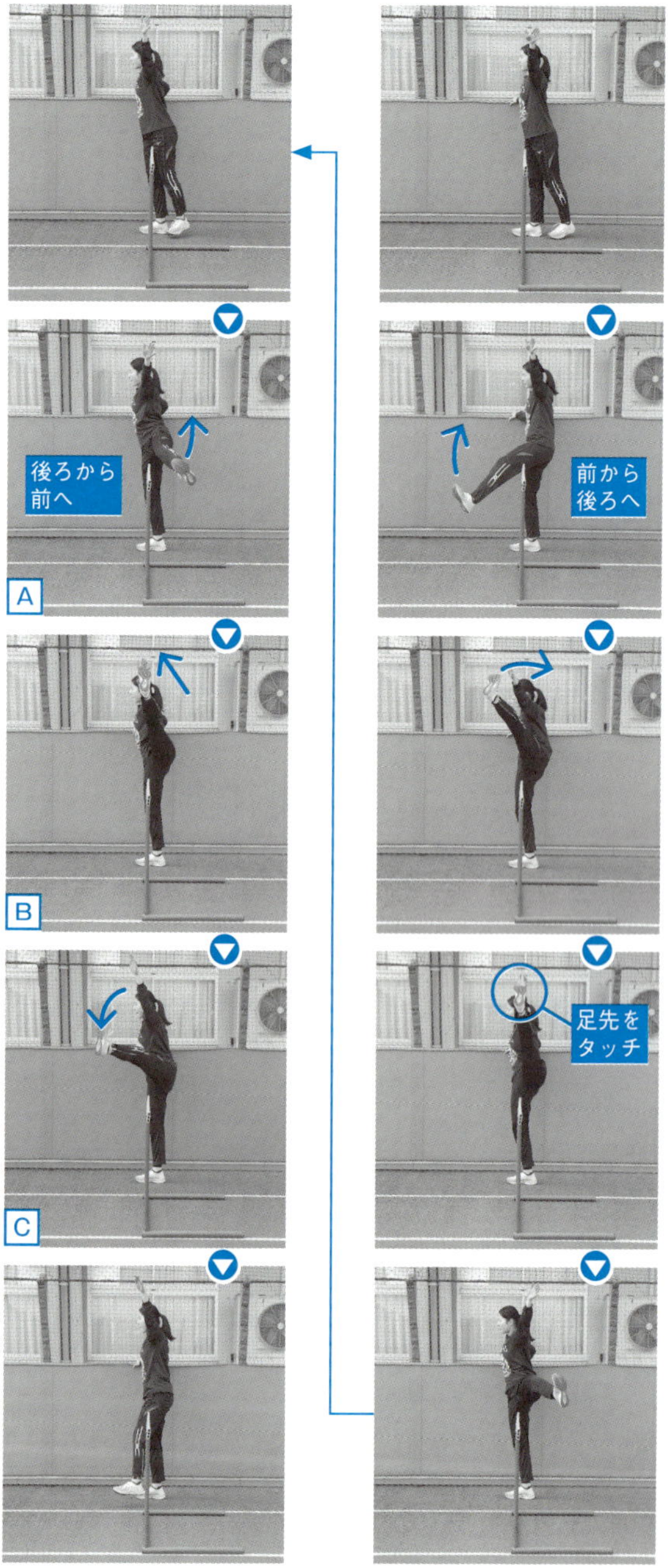

名将の観点

足先をタッチ

左右両方の脚で行う。回した足先を手のひらでタッチできるとよい。②と同様に、後ろから前に回す場合は脚を下ろすときに重力を利用して加速させる（ABC）。

ハードルヒップジョイント～壁向かい立ち Menu 51

①膝を伸ばした状態で回す

ハードルは壁向きに設置。壁に向かって立ち、両手を壁につく。膝を伸ばした状態で円を描くように、脚を後ろから前に回す。

目的：軸を形成した臀筋作用による股関節の重力加速
回数：左右各10～12回

②抜き脚でハードリング動作

ハードルは壁向きに設置。壁に向かって立ち、両手を壁について抜き脚で素早くハードリング動作を行う。

目的：抜き脚の作用とスプリントへの移行姿勢
回数：左右各10～12回

名将の観点 体の軸はまっすぐ

足先で地面をタッチする。大切なのは、脚を動かしたときも体の軸がまっすぐになっていること。腰を後ろに引かないよう注意する。右の写真のように、体が一直線になっているとよい。

③左右交互に回す

目的: 軸を形成した臀筋作用による股関節の切り返し加速
回数: 10～12回

２台のハードルを壁向きに設置し、その間に立つ。両手を壁につき、膝を伸ばした状態で左右交互に大きく円を描くようにハードルをクリアする。

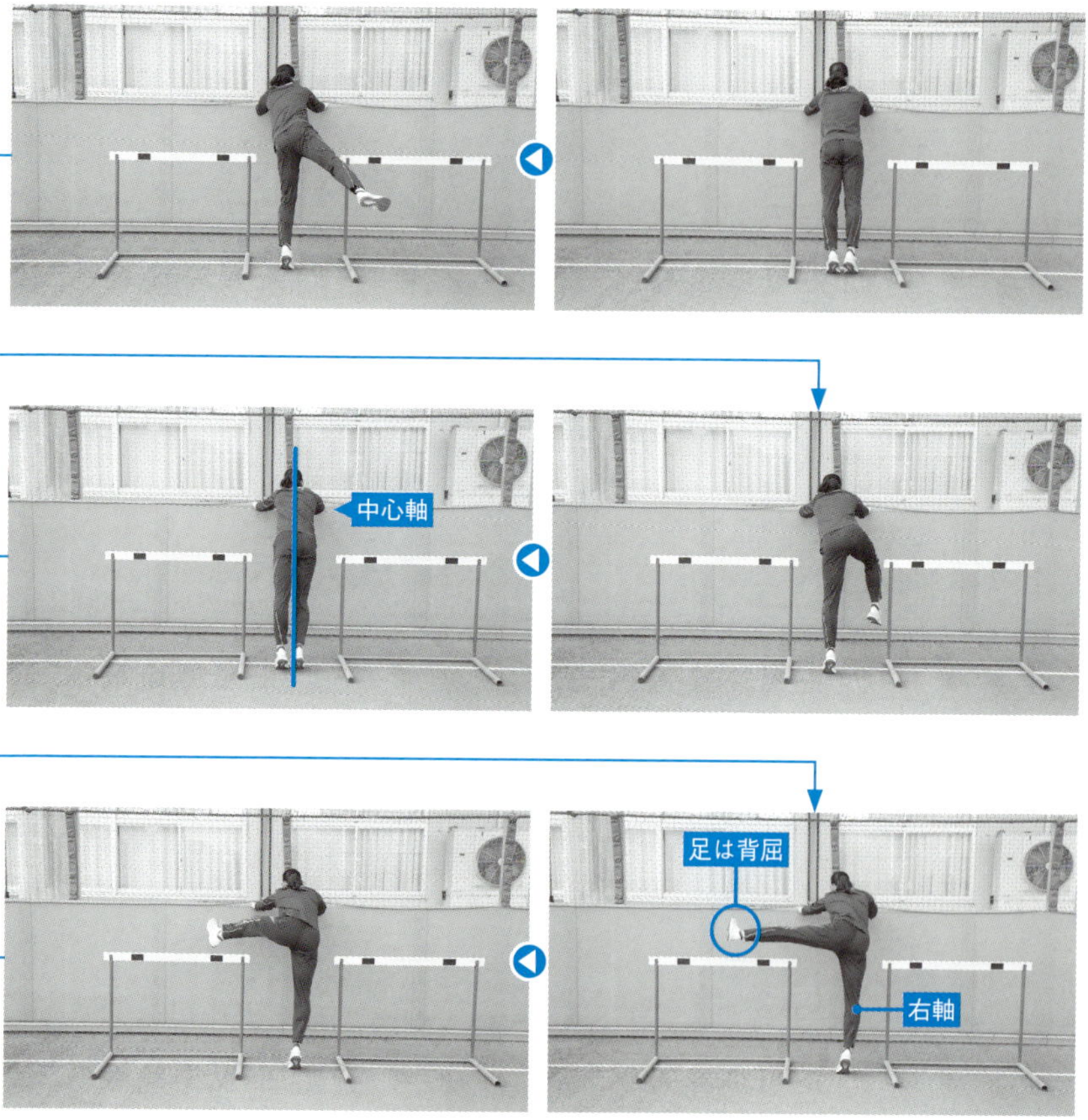

右軸と左軸の入れ替え 足首のぐらつきに注意

ハードルの踏切動作にもつながるトレーニング。膝を伸展させて、体の右軸と左軸を入れ替える動作である。

写真ではまず左側で軸をつくり、右脚が下りてきたら、次は右軸に入れ替わる。中段右から2番目の写真のように、両足が揃った瞬間は中心軸になっている。

接地したときに、足首がぐらつかないようにすることが重要なポイント。足関節が背屈していれば、ぐらつくことはない。左右交互に大きく円を描くように足を回す。

片足が接地したら反対の脚を回す。

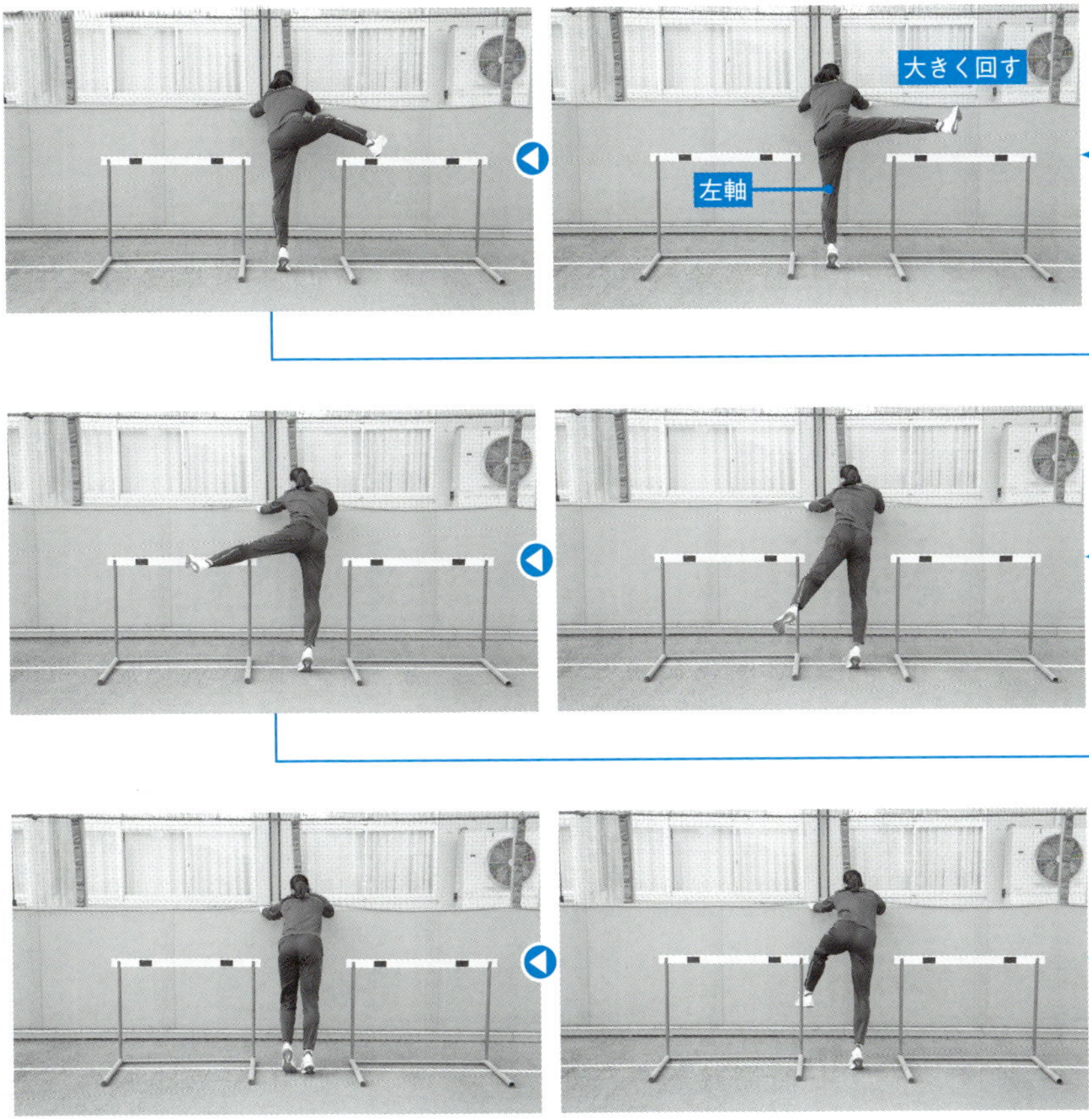

ハードルを使わないメニュー

ハードルを使用しなくても、ハードリング技術を高めることはできる。壁に両手をついて前傾姿勢をとり、膝を曲げた状態で、股関節を使って脛を前後に動かす。

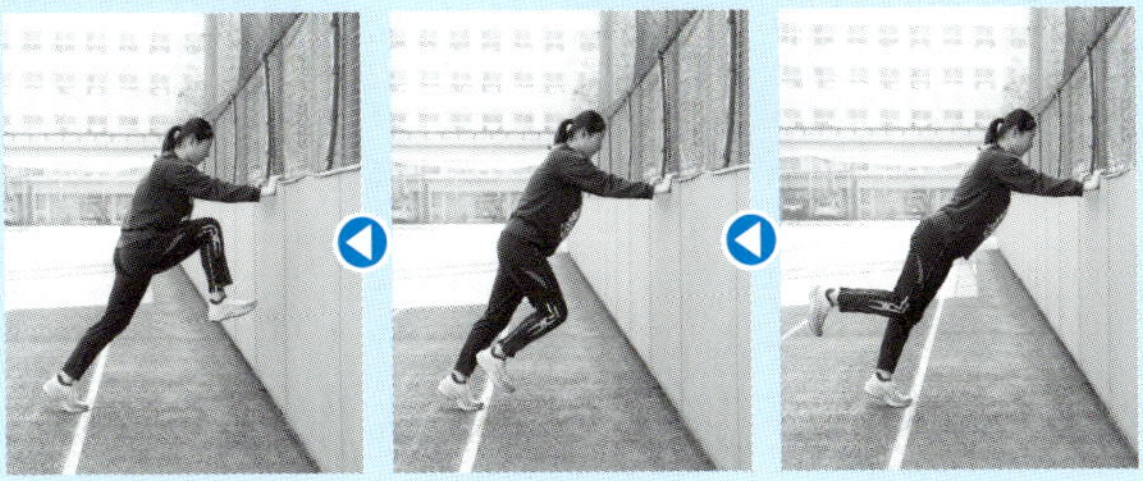

ハードルヒップジョイント～壁後ろ向き　Menu 52

①ハードル進行方向へ、脚の上げ下ろし

目的：股関節と臀筋の強化
回数：左右各10～12回

ハードルを壁向きに設置。壁を背にした状態で後ろ手をつき、ハードルを乗り越えるようにして脚を上げ下ろしする。

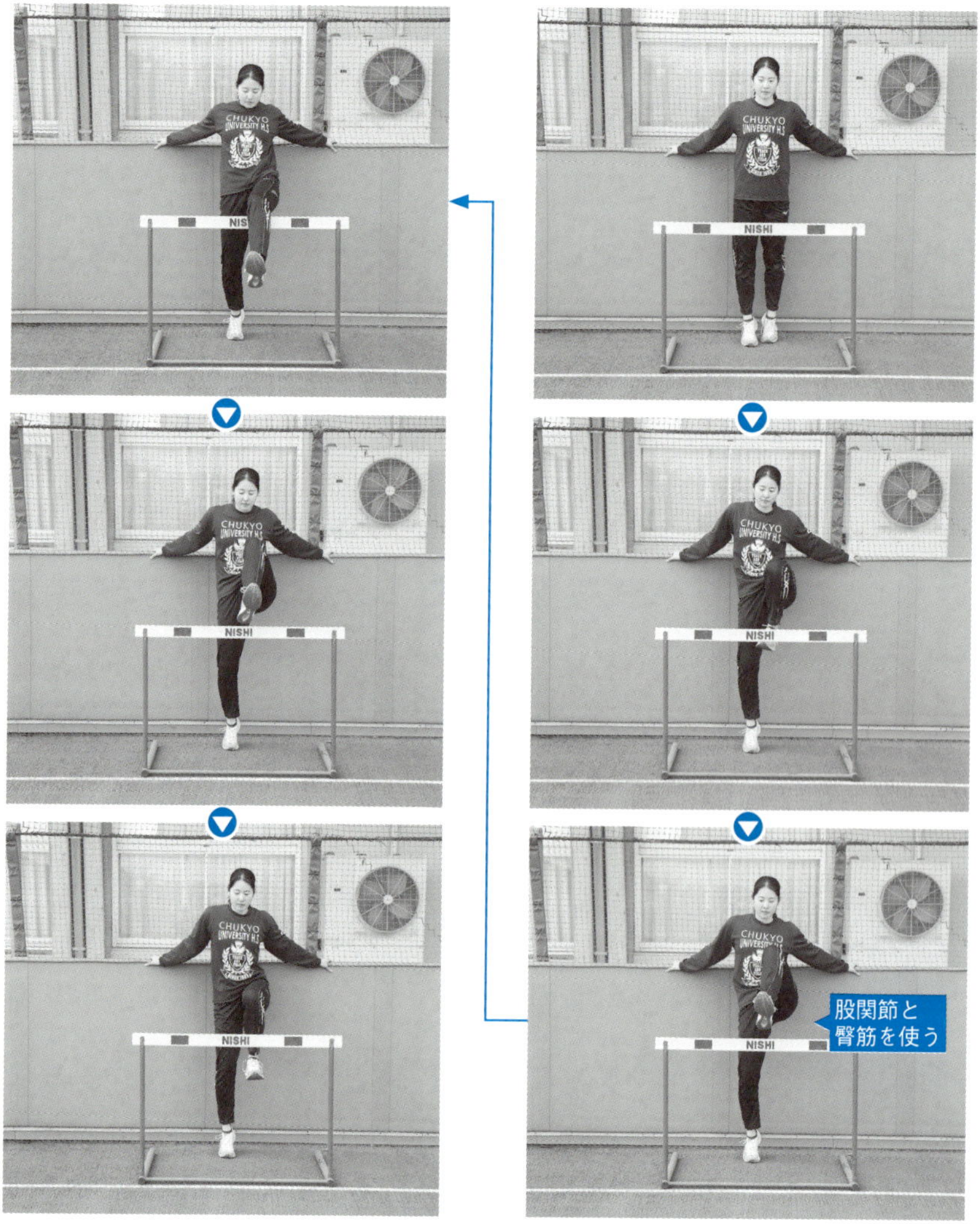

名将の観点　股関節と臀筋を意識

左右両方の脚で行う。膝を折りたたんだ状態から脚を伸ばし、元に戻す。伸ばしたときに、股関節が硬い選手は軸がブレてしまうが、ブレないように股関節と臀筋をしっかり使う。

②ハードルを挟んで脚の上げ下ろし

目的：股関節と臀筋の強化
回数：左右各10～12回

壁を背にした状態で後ろ手をつく。膝を伸ばした状態で、片脚ずつハードルバーを挟んで上げ下ろしする。

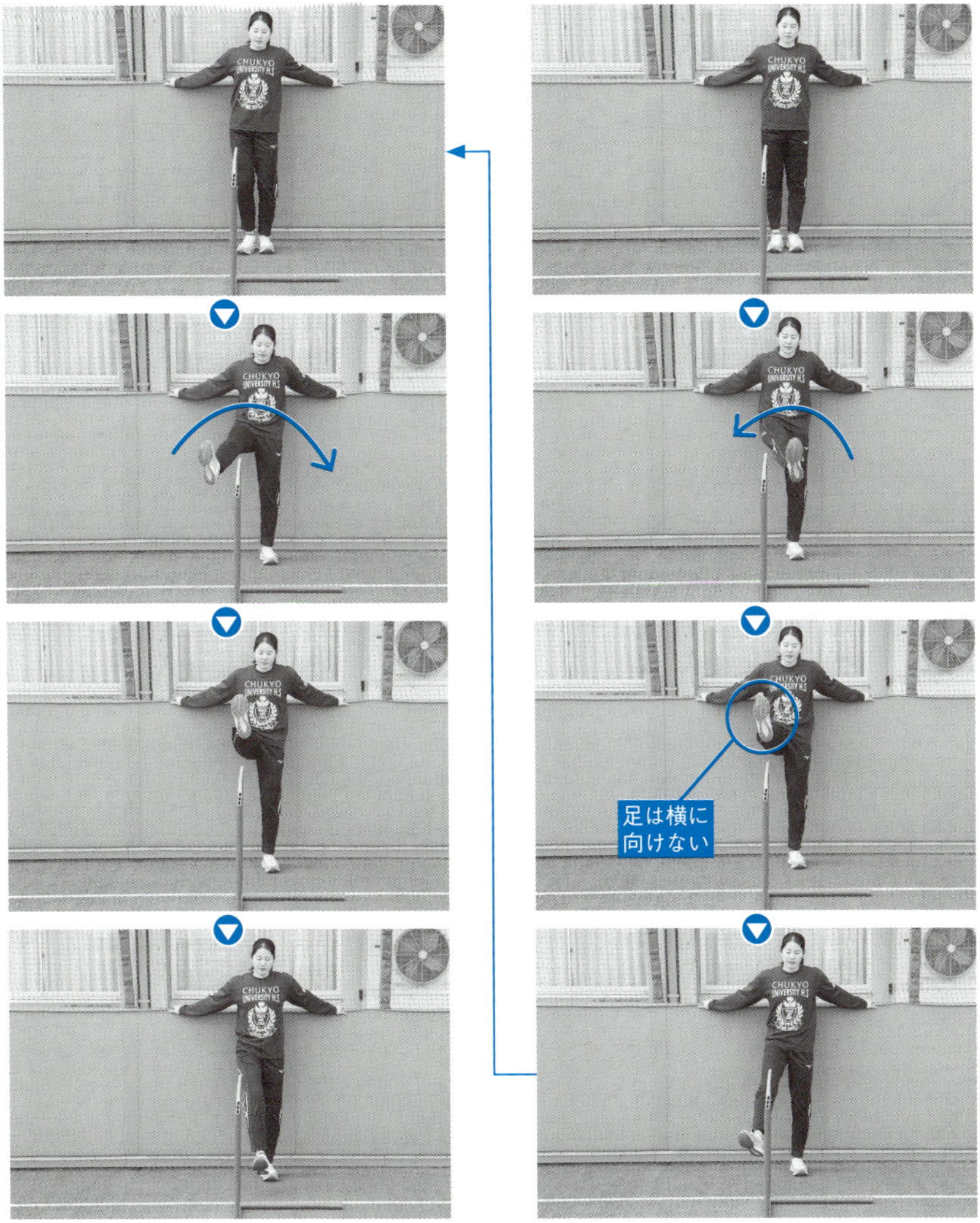

名将の観点 足関節は横に傾けない

左右両方の脚で行う。体の軸をまっすぐに保ち、脚を上げたときに足関節が横に傾かないように動かす。

ハードルドリル～ウォールドリル Menu 53

壁に接してハードルを設置。踏切位置と、リード脚を置く壁の位置を確認する。
踏切動作から、リード脚の足裏で壁にアタックする

名将の観点 壁に向かってまっすぐ入る

踏切脚の足先と膝の位置が一直線になっていれば、スムーズに力が伝達する。リード脚も、壁に向かってまっすぐ入ることが大切である。壁の同じ場所に足裏をタッチできるように繰り返す。

ハードルドリル〜トレイルレッグドリル

目的:ハードルの抜き脚練習
回数:10〜12回

横向きに設置したハードルの進行方向側に立つ。
両手を壁について前傾姿勢をとり、抜き脚でハードリング動作を行う

名将の観点 ハードルの上を母指球で滑らせる

リード脚が下りた状態。足先と膝の位置が一直線になるようにする。抜き脚はハードルバーの上を母指球で滑らせるようなイメージで。それができれば、左上の写真のように、太ももと膝の位置が一直線になる。レースではハードルを 10 台越えるので、10 回連続でやってもブレないように、動作の再現力を高める。

ハードルドリル～ロスドリル　Menu 55

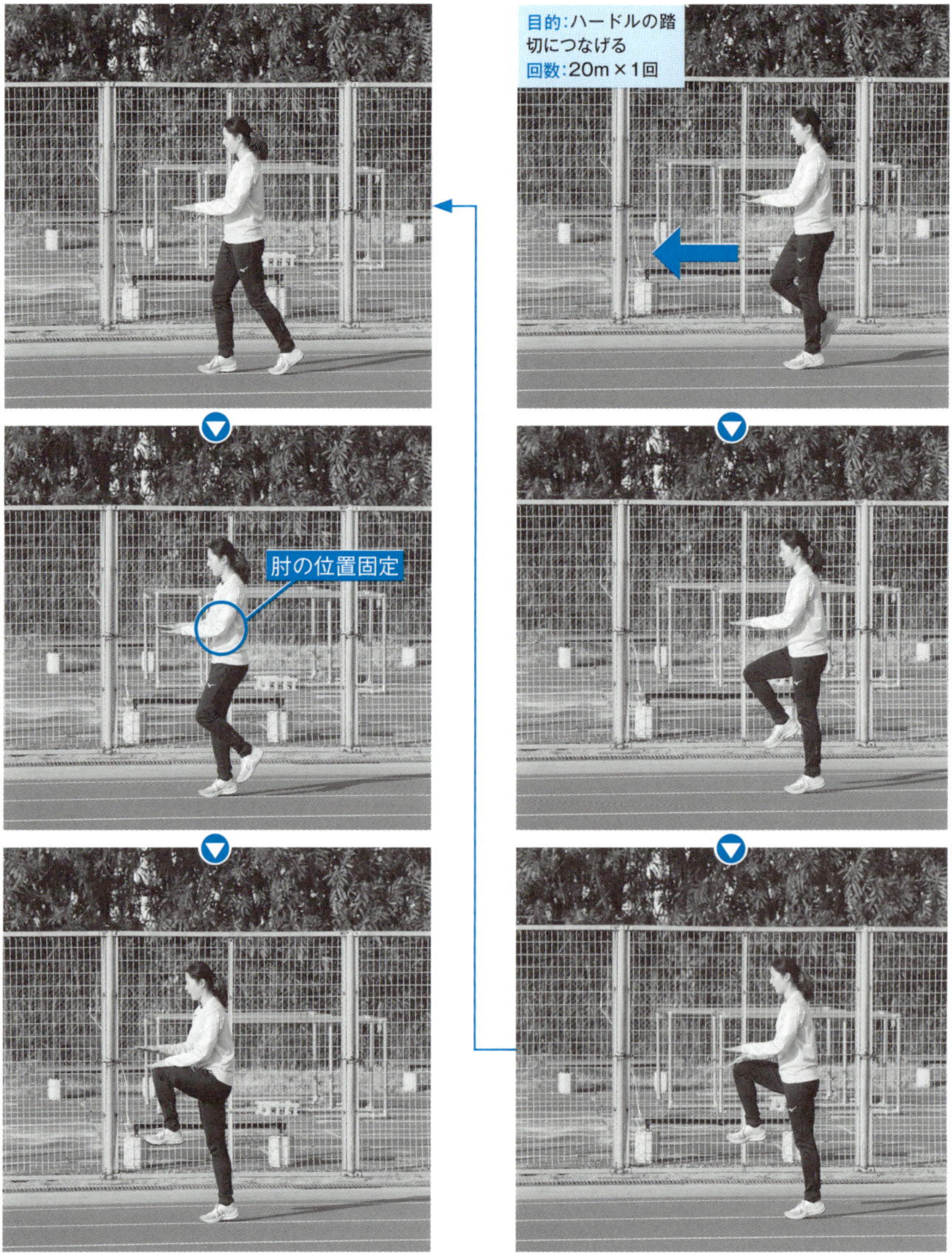

手を腰の高さに持っていき、左右交互に上げた脚を手のひらでタッチしながら 20m 進む

名将の観点　地面をしっかり押す

踏切のドリルである。脚は地面をしっかり押さないと跳ね上がってこない。手のひらでタッチしたときに、パチンと音がするくらい強く跳ね上がるのが望ましい。手のひらはまっすぐに、肘の位置が動かないようにして重心を保つ。ステップを加えても、頭の位置が変わらないようにする。

ロスドリル・1-2ステップ

目的:ハードルの踏切につなげる
回数:20m×1回

基本のロスドリルにステップを加える。2拍子のステップのあとに脚を手のひらでタッチ。重心をある程度下げたところから開始すると、踏み切ったときにリード脚がより高く跳ね上がる

ロスドリル・ツーステップ

目的:ハードルの踏切につなげる
回数:20m×1回

基本のロスドリルにステップを加える。2ステップのあとに、脚を手のひらでタッチする

ハードルドリル～ハードルクリア　Menu 56

目的:ハードル動作の確認
回数:各自のできる範囲

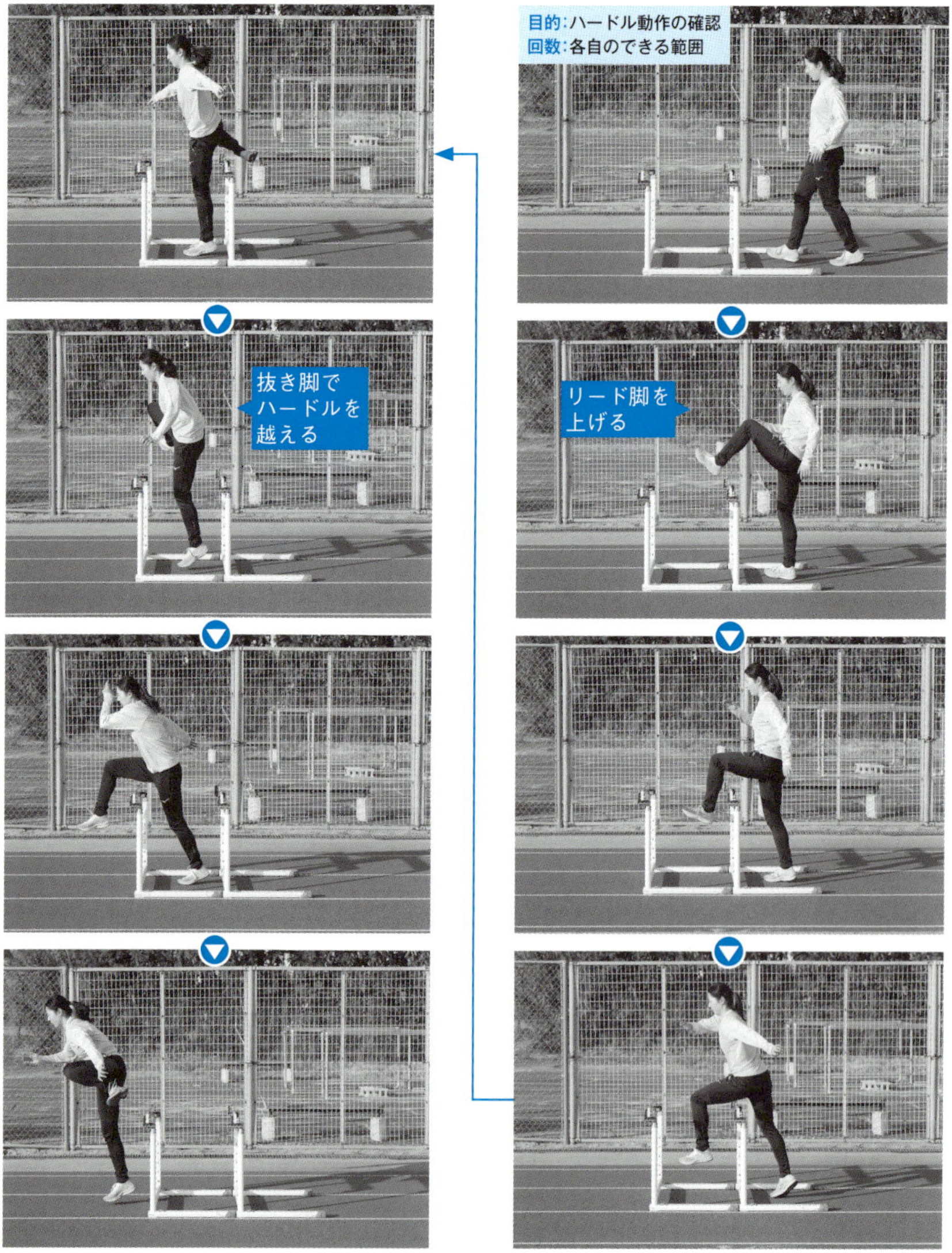

ハードルを２台、間隔を開けずに並べる。リード脚を上げ、１台目のハードルを越えたら、抜き脚で素早く２台目のハードルを越える

名将の観点　重心バランスを確認する

脚の運び方、抜き脚の動作、接地など、初歩的なハードルドリルである。リード脚はバランスを取りながら越える。ハードルバーの中心がトラックのライン上にくるように設置すると、重心バランスを確認しながら行うことができる。

ハードルドリル〜手の中コンパクトに抜く

目的:体に近い位置で脚を動かす練習
回数:各自のできる範囲

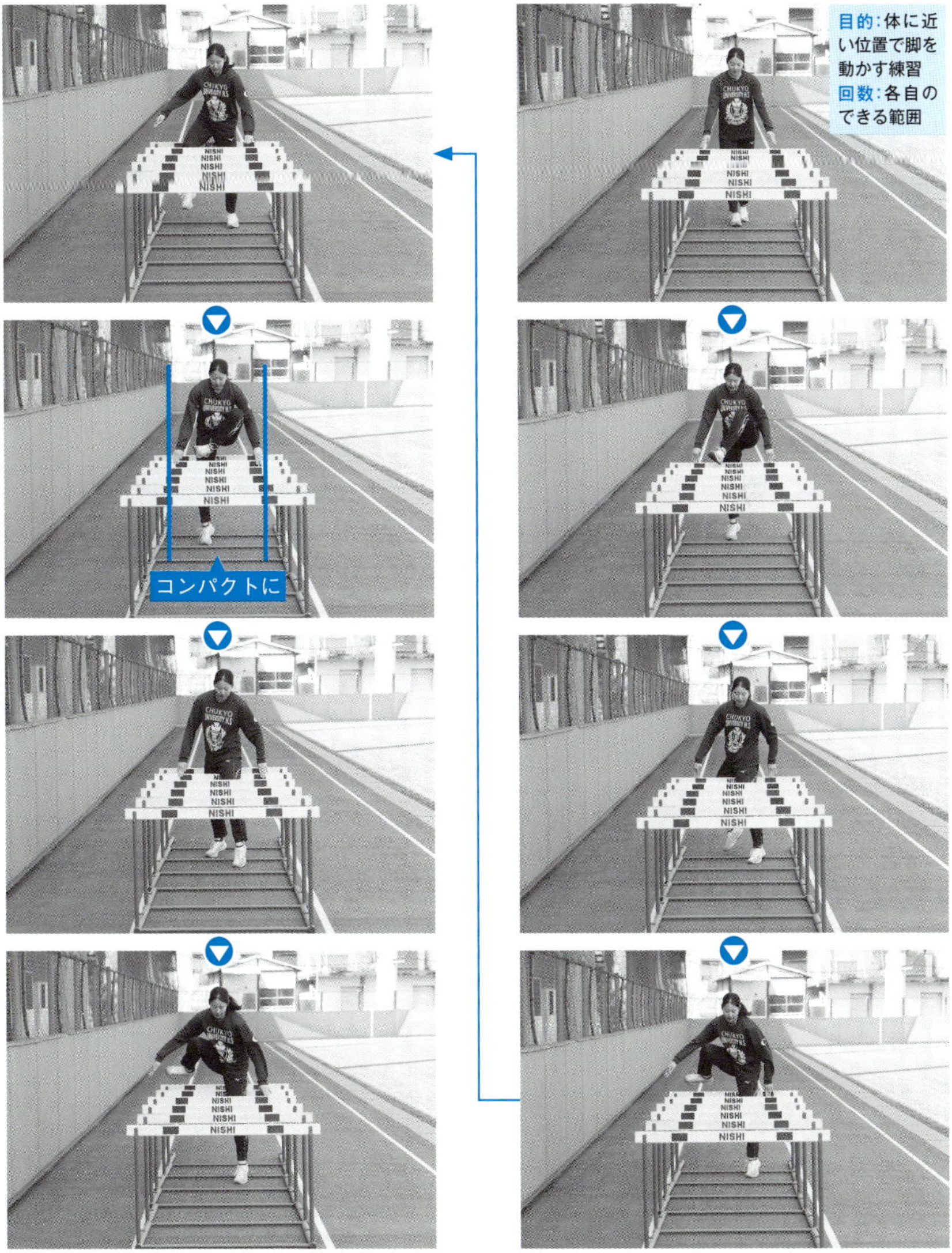

間隔を開けずにハードルを並べる。両手をハードルバーに当て、リード脚、抜き脚の順に手の間でコンパクトにハードルを越えていく

名将の観点 体に近い位置で脚を動かす

体になるべく近い位置で脚を動かす。上から２番目の写真を見てもわかるように、リード脚はあえて曲げている。またぎ越えるときにはまっすぐに脚を上げると引っかかるので、曲げて、臀筋と股関節を使って越えたほうが速いためである。

ハードルドリル～ハードルウォーク

Menu 58

目的：ハードル動作の確認
回数：各自のできる範囲

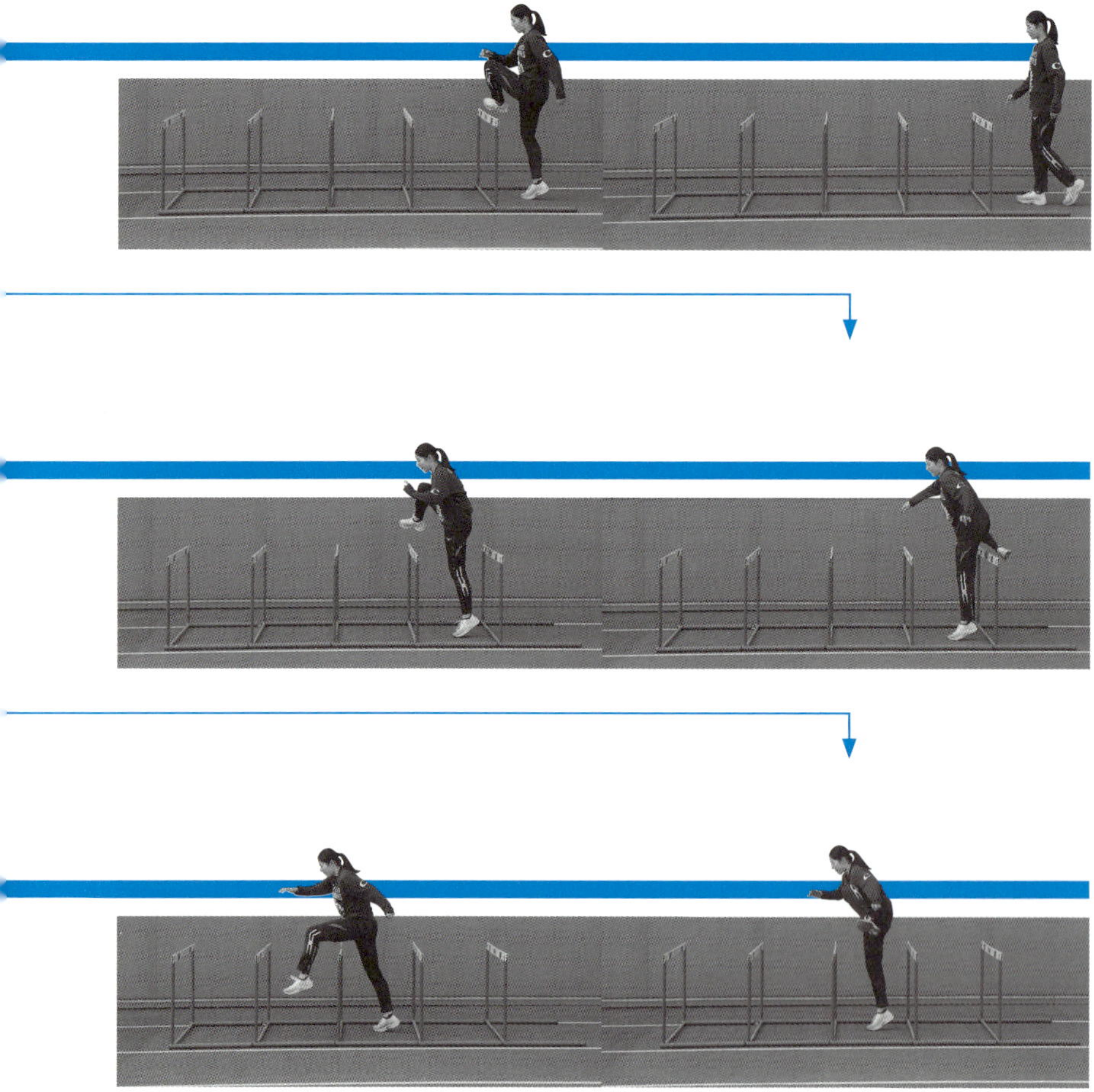

ハードルドリルの基本 踏切と足首背屈を意識

これは基本的なハードルドリルで、ハードルをつなげて並べて、歩きながらまたいで越えていくというもの。まずはまたぎ越える際、腰を移動させる感覚を身につけ、少しずつスピードを上げていき、ハードルの間隔も広げていく。

動作時のポイントは、踏切と足関節の背屈を意識すること。次のページでは腕を上げた姿勢で実施するハンズアップ歩行に入るが、これは特にハードル選手だけでなく、短距離選手にも効果的である。動きを継続することを目的に、ハードルを30台ほど並べて行うのもよい。

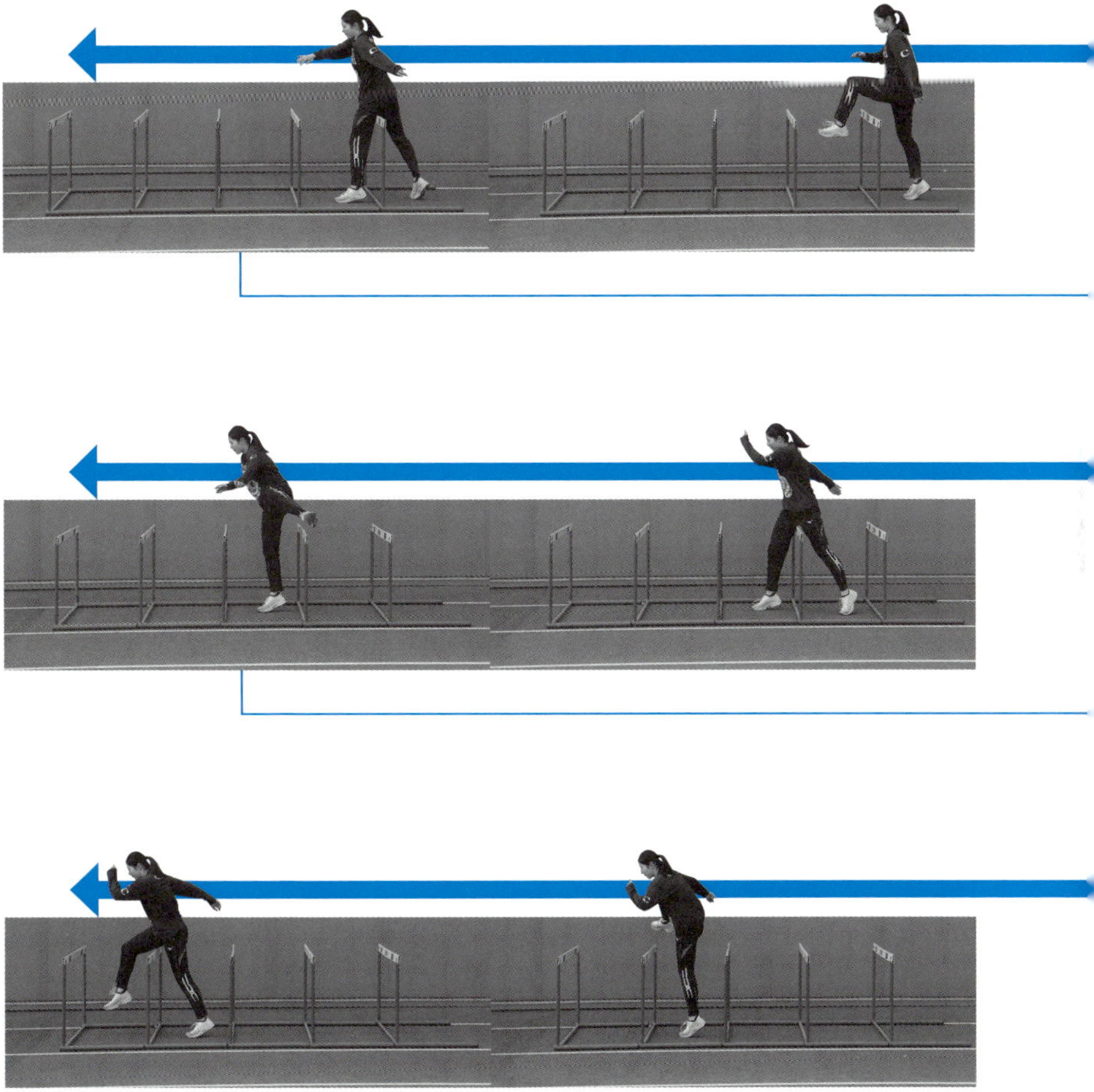

間隔を開けずにハードルを並べ、歩きながらまたぎ越えていく

Level-up

ハードルの間隔を広げる

慣れてきたら、ハードルの間隔を広げてみよう。間隔が広くなると、股関節を使って重心を前に移動させなければ同じような接地はできない。筋力も必要になる。

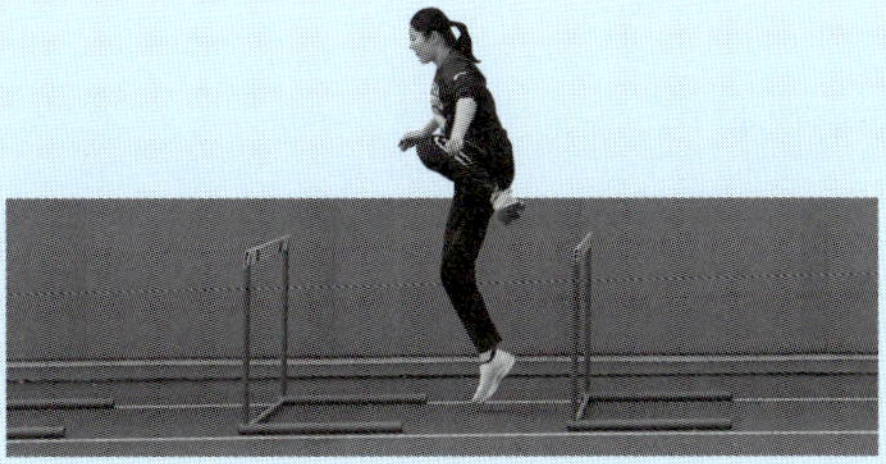

ハードルドリル(30台)～ハンズアップ歩行

Menu 59

目的:重心が上がった感覚を身につける
回数:各自のできる範囲

ハードルを 30 台並べて Menu58 の動きをハンズアップした状態で行う。
バーを持って実施してもいい

名将の観点 両腕を頭上に上げる有効性

ハンズアップすることで重心位置が高くなり膝のつぶれが軽減する。この重心が上がった感覚を身につけるのが目的。ハンズアップで留意するのは上部僧帽筋を収縮させないことである。首周りに力が入らないレベルで実施する。その理由は体幹保持と肩甲骨の動きに関係する前鋸筋を活性化させるためである。

ハードルドリル30台のバリエーション

ハンズアップ横向き歩行

ハンズアップした状態から、横向き歩行でハードルをクリアしていく。抜き脚のプッシュを意識する

ハンズアップサイドステップ

ハンズアップした状態から、サイドステップでハードルをクリアしていく。ステップしたとき後方に下がらないように

ハンズアップステップ

ハンズアップした状態から、軸がブレないようにステップでハードルをクリアしていく。抜き脚が遅れないように

ハードルドリル～ステップハードル

Menu 60

目的：接地時間を短くする
回数：各自のできる範囲

接地時間を短く先取りでバランス維持

　ステップハードルは、接地時間をいかに短くするかがポイント。インターバルが狭まれば、接地時間も当然短くなる。その動きを実戦につなげられるようにする。

　１５４ページで紹介するメニュー61の先取りは、手を前に出すことによって、重心が自分の体から離れて前に移動するので、その離れた重心に自分の体を合わせにいく。バランスをつかむトレーニングである。立ち幅跳びをするときに、腕を前に出して重心を移動させ、着地のタイミングを合わせるのと同じイメージ。

実際のインターバルよりハードル間の距離を狭めて設置する。
ステップしながらハードルを越えていく

名将の観点 腕振りを利用して抜き脚を前へ

腕振りを利用して、抜き脚を素早く前方に動かす。肩甲骨周辺が硬直しないように、姿勢を維持する。

ハードルドリル～先取り　Menu 61

目的:腕先行により重心が前に移動しそれに体を合わせる
回数:各自のできる範囲

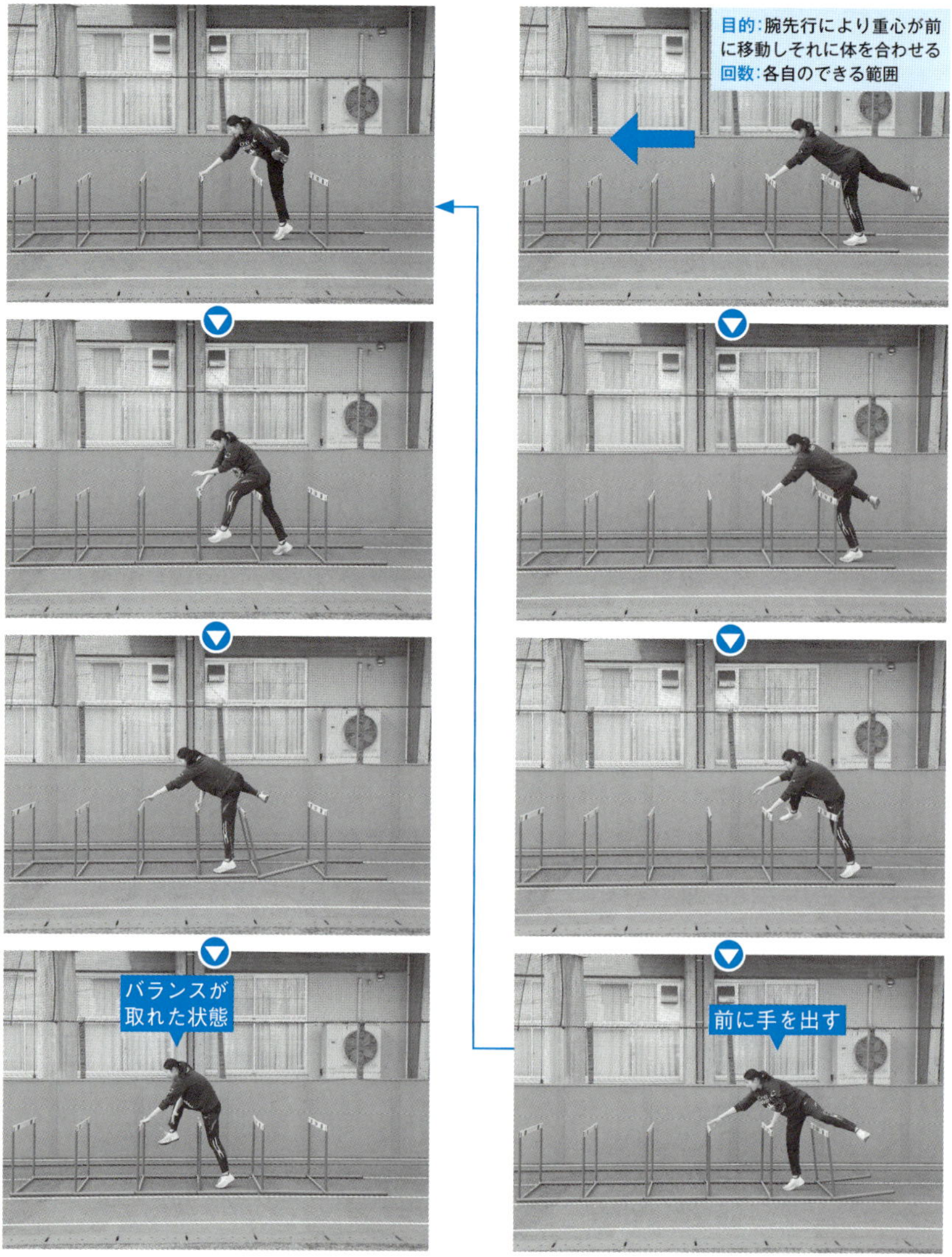

間隔を開けずにハードルを並べる。
体を前傾させて、１台先のハードルバーを両手でつかみながら越えていく

名将の観点　重心に体を合わせにいく

１台先のハードルを両手でつかみながら越えていく。手を前に出すことによって、重心が前に行く。その重心に自分の体を合わせにいって、ちょうど合ったタイミングが最もバランスが取れているといえる（写真左下）。

9章

フィジカルトレーニング

フィジカルトレーニングは筋肉、筋力をつけることもできるが、
走りにつながる体幹を鍛えることが大きな目的となる。

ウエイトトレーニングで重視すること

デッドバグ姿勢

実際の走りにつながるウエイトトレーニング

　ウエイトトレーニングは、筋力アップ、フィジカル強化が主な目的だと思われがちだが、走りにつなげることが最大の目的である。ウエイトトレーニングを精力的に取り入れ、ベンチプレスやスクワットなどで高い能力を発揮しているにもかかわらず、なかなかタイムが上がらない選手も珍しくない。その原因は、代償動作にあると考えられる。

　筋力が上がるとそれを使って走ろうとするが、正しい動作ができていないと、本来機能してほしい筋肉や関節とは違う部位を代わりに使ってしまっているのである。

　ウエイトトレーニングで重視しているベンチプレスの基本姿勢はデッドバグで、仰向けになって両腕を上げ、両脚を直角に曲げる姿勢である。デッドバグ姿勢でウエイトトレーニングを実施すれば、腹式呼吸をしながらインナーマッスルを鍛えるドローイン効果につながる。まずはこの姿勢を覚えてほしい。

　ベンチプレスは大胸筋を鍛える筋力トレーニングではなく、体幹トレーニングだととらえる。バーベルを上げる動作と、ドローインがうまく結びつくように行う。やっていくうちにかかとの位置が落ちてきたり、ぐらついてきたりするが、かかとが落ちないよう、脛と地面が平行になるように保つとよい。まずはこの姿勢を覚えてほしい。さらに、息を止めるバルサルバにならないようにする。

ベンチプレス デッドバグ Menu 62

目的：体幹の強化
回数：8～10回×3～5セット（重さは各自で調整）

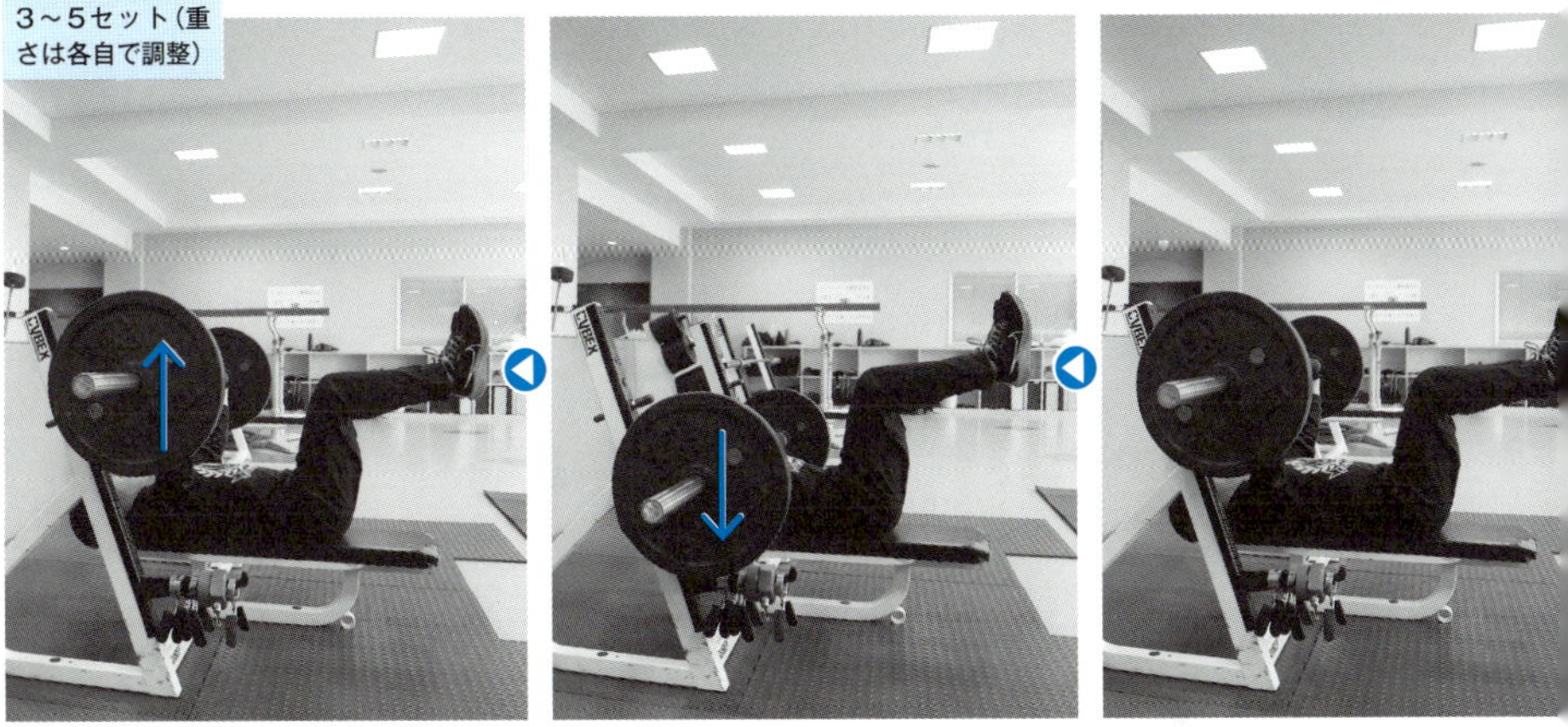

デッドバグ姿勢から3秒で下ろし、1秒止めて1秒で挙上する。ポイントは臀筋で支えてデッドバグ姿勢をキープして、挙上時にかかとの位置が落ちないようにすること。また、ボトムでは前鋸筋に意識を集中させて、腹腔圧を高めた状態で行うようにする。筋力を鍛えるより、体幹強化が目的である。

ベンチプレス デッドバグ レッグムーブメント Menu 63

目的：体幹の強化
回数：8～10回×3～5セット（重さは各自で調整）

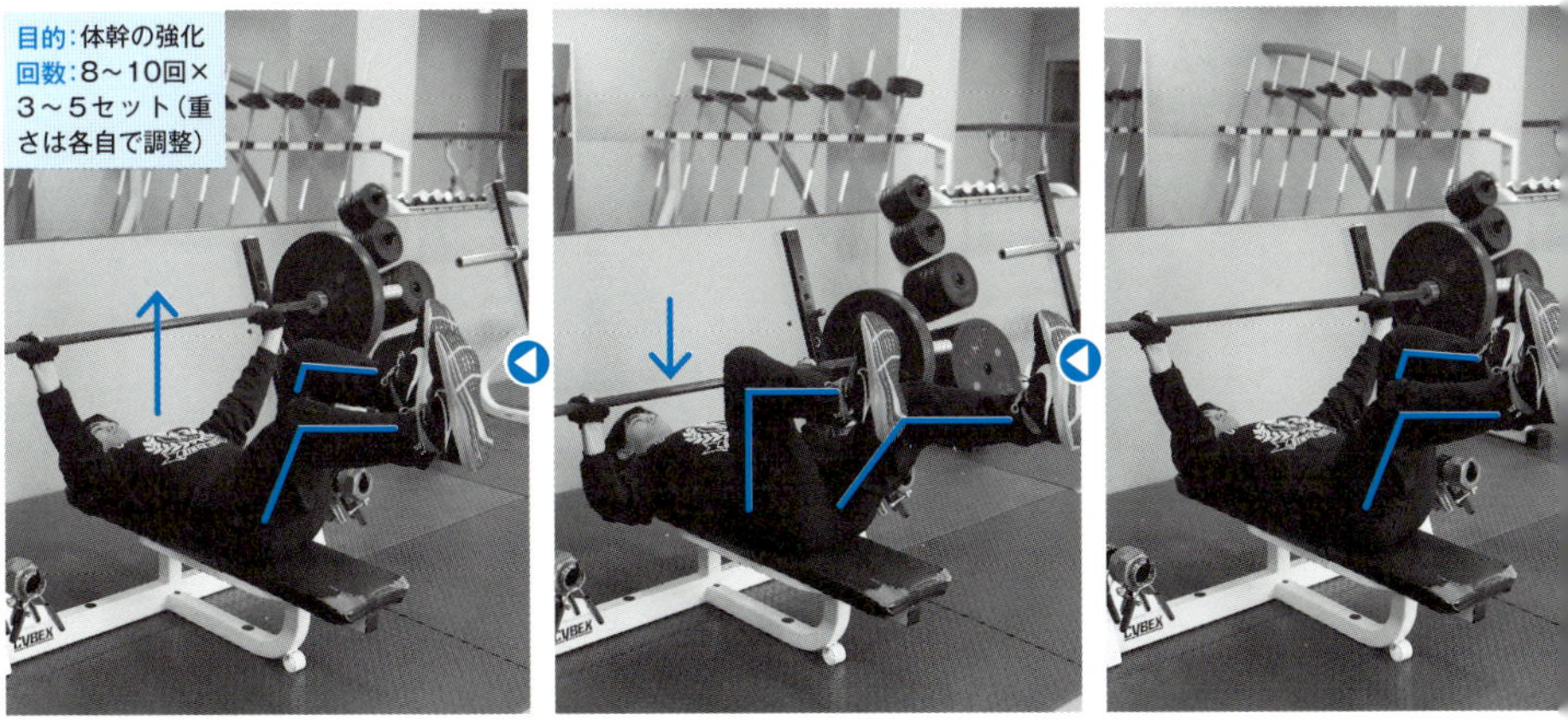

デッドバグ姿勢をキープしたまま、脛を水平に動かすことを意識しながら膝を引きつける。1回の挙上でかかとの位置が落ちないよう、左右1回ずつ交互に膝を引きつけながら腕を動かす。筋力トレーニングというより、強度の高い体幹トレーニングとして取り入れるとよい。

ベンチプレス アーチ姿勢 Menu 64

目的：臀筋の強化
回数：8～10回×3～5セット（重さは各自で調整）

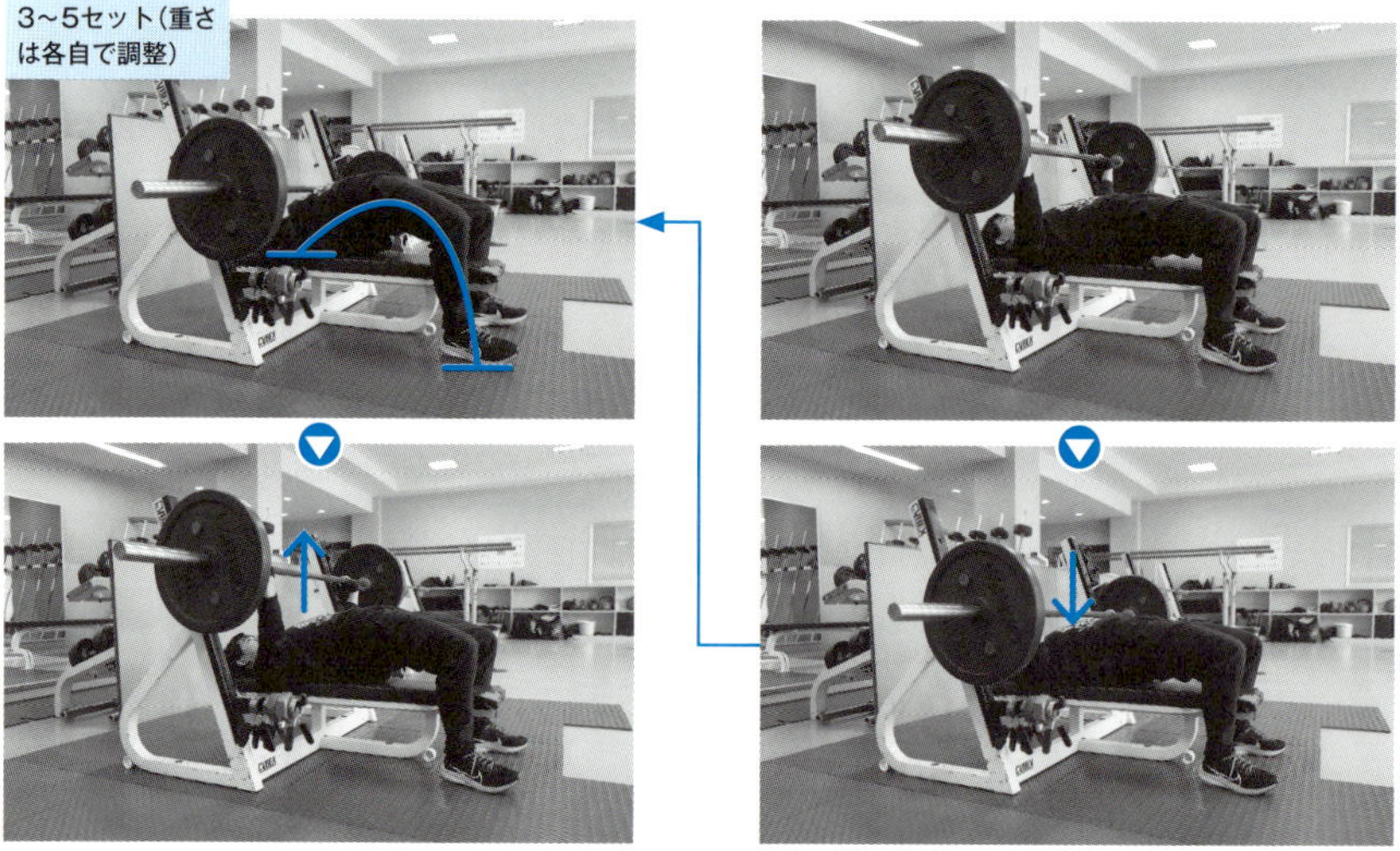

ベンチ台で肩と足裏でアーチをつくり、足を起点として臀筋、背筋から順にバーベルに力が伝達するようにリフトする。ポイントは臀筋での支え。

ベンチプレス ヒップリフト Menu 65

目的：臀筋とハムストリングの強化
回数：8～10回×3～5セット（重さは各自で調整）

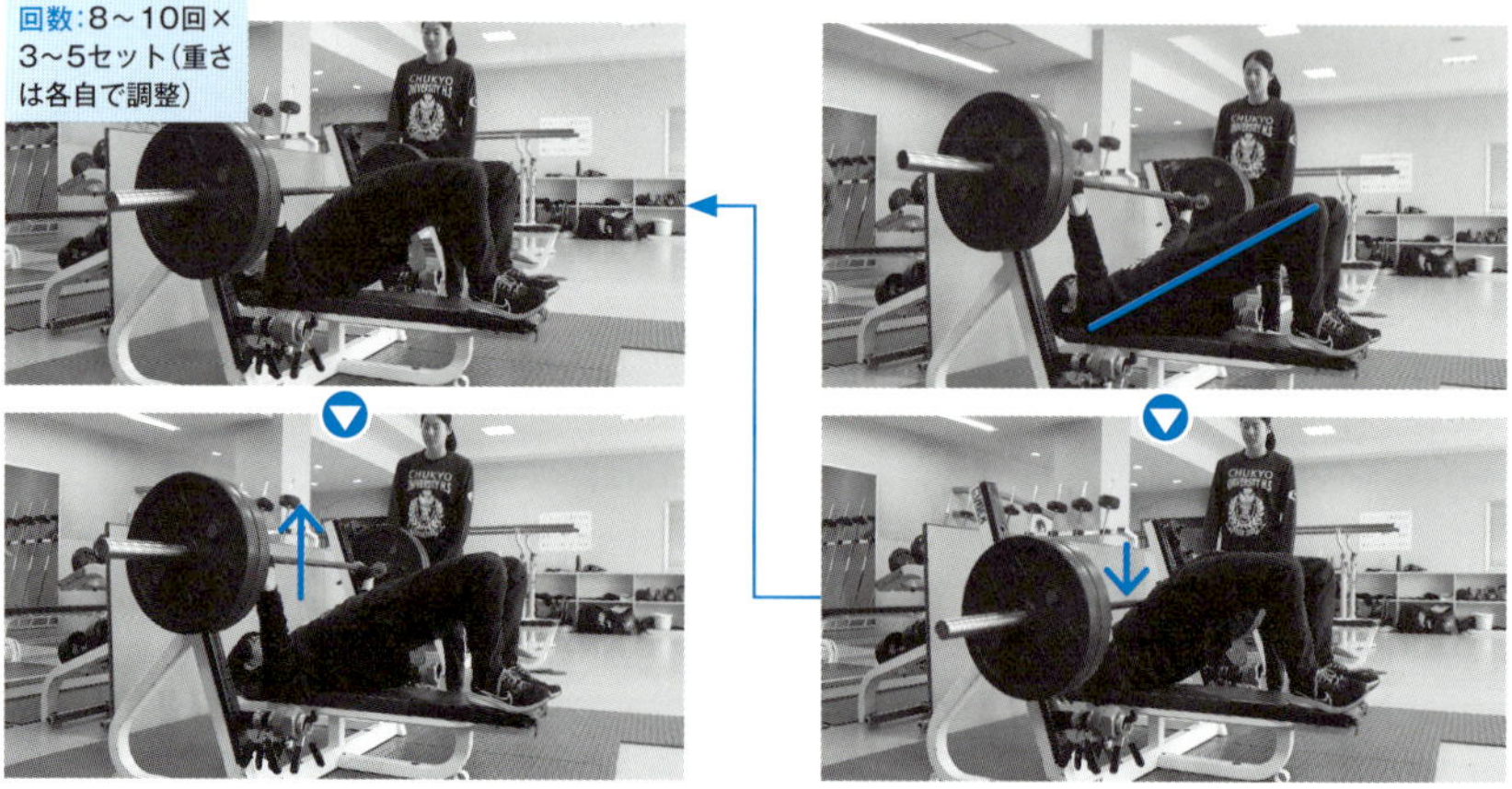

臀筋とハムストリングの強化。ベンチ上で膝を曲げて、かかとと肩の2点で支える。肩から膝が一直線になるようキープして、ベンチプレスを行う。足関節を背屈させ、かかとで押しながらハムストリング、大臀筋、体幹全体を使って高重量で実施する。体重の1.5倍の重量を挙上の目安にする。

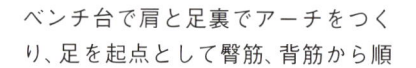

Menu 66 インクライン・ダンベルプレス

目的:三角筋の強化
回数:8~10回×3~5セット(重さは各自で調整)

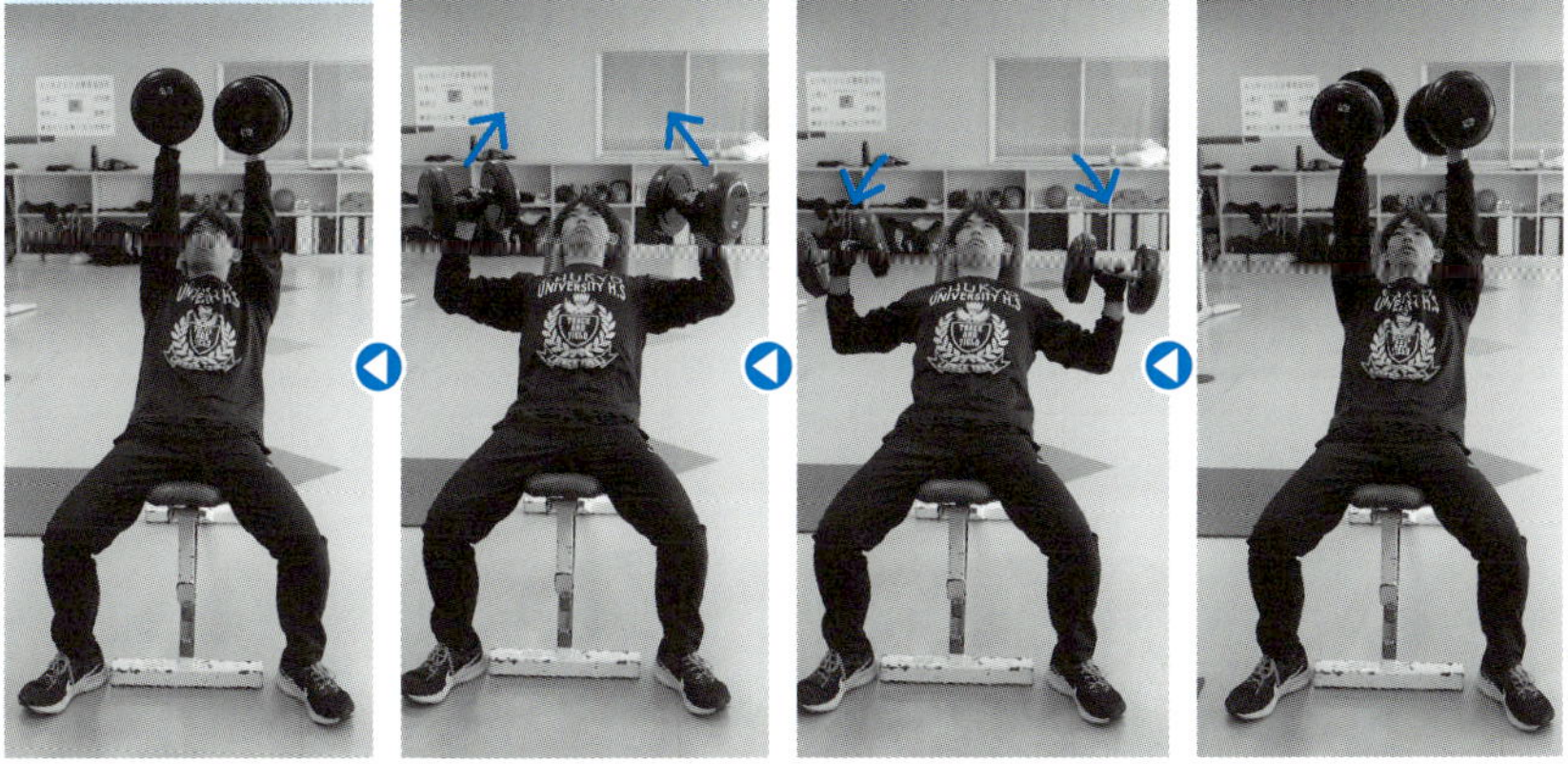

傾斜がついたベンチ台(インクライン)で、ダンベルを両手に持つ。胸の横あたりから、肘が伸びるまで持ち上げたところからスタート。胸を広げるように肘が90度くらいになるまで曲げていき、スタートポジションに戻す。三角筋を強化するトレーニングで、サブ種目として位置づけている。

Menu 67 スタンディングプレス

目的:体幹で支える立ち姿勢と三角筋の強化
回数:8~10回×3~5セット(重さは各自で調整)

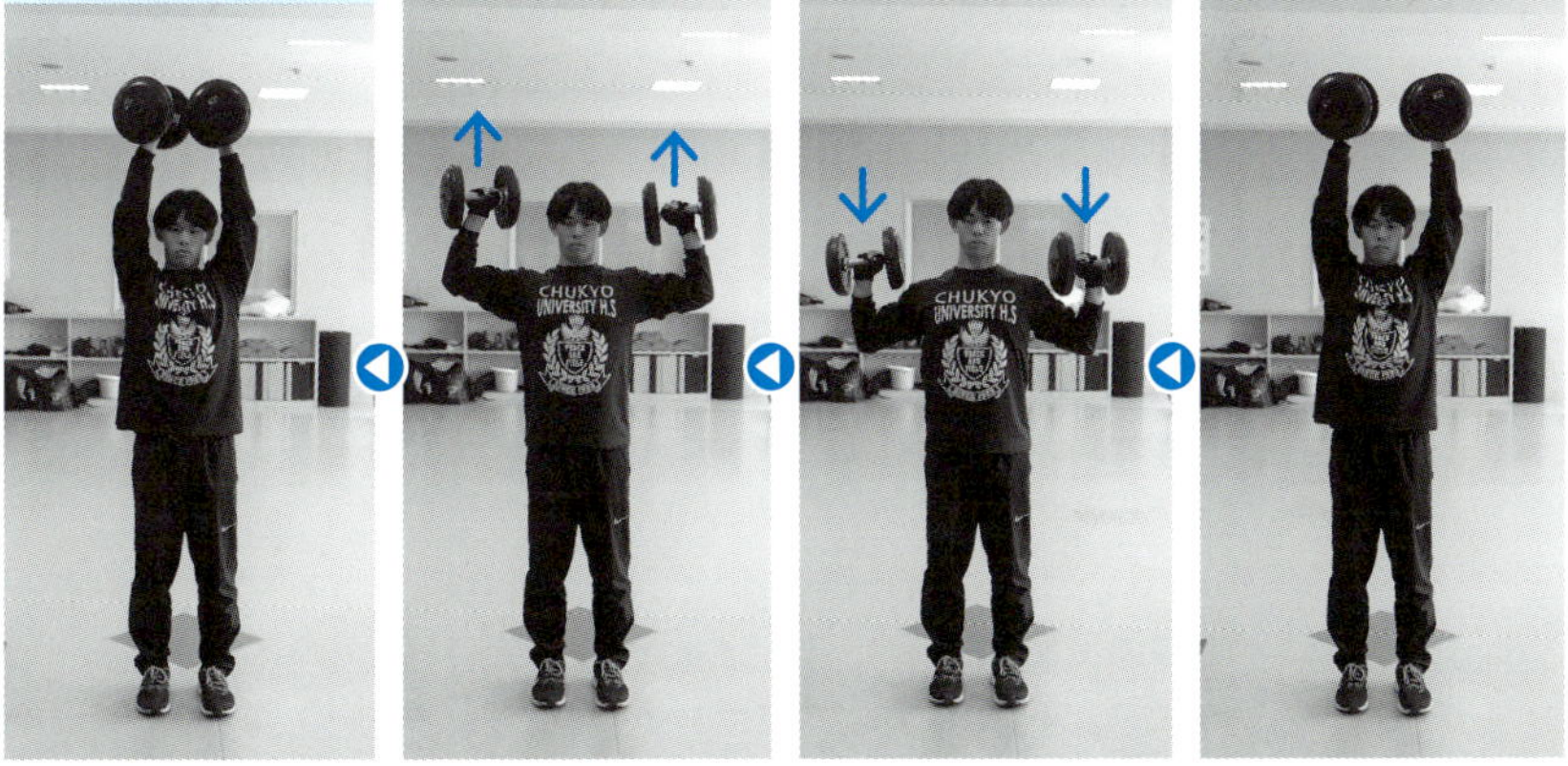

立位姿勢でダンベルを両手に持つ。肩の位置から、三角筋を使って肘が伸びるまで持ち上げ、下ろして上げてを繰り返す。姿勢を維持することが重要で、ダンベルを上げたときに重心がブレないようにする。座って行うダンベルプレスよりも効果がある。

ハイクリーン Menu 68

目的：スタート姿勢からのパワー発揮
回数：各自のできる範囲（1～3回）

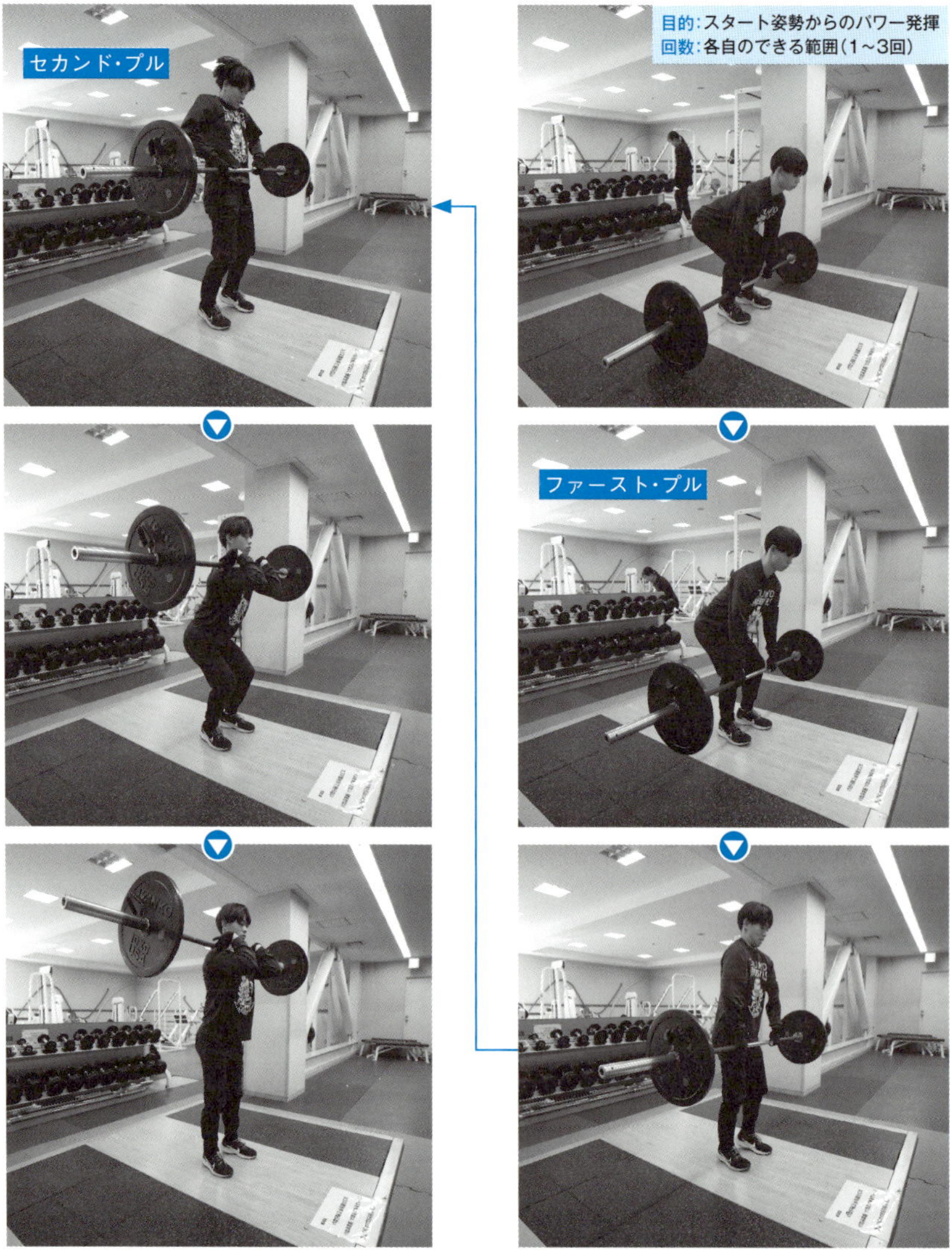

動作の習得に時間がかかるため、大学進学前にマスターしておくとよい。まず、ベント姿勢でバーベルを握る。ファースト・プルでは臀筋と足のプッシュ作用を利用し、脛に沿って膝まで引き上げる。このとき、背中を伸ばしたベント姿勢を崩さない。セカンド・プルでバーを鉛直方向に跳ね上げ、浮いたバーベルに体を潜り込ませ、肘を前方に突き出した状態で保持。ハイクリーンはスタート技術と連動している。ベント姿勢はスタートから1歩目の動作、肘を前に出すことはスタート時の腕の使い方と同じだと考える。

ケトルベルスイング Menu 69

目的：スタートの立ち上がり動作につなげる
回数：20～50回（重さは各自で調整）

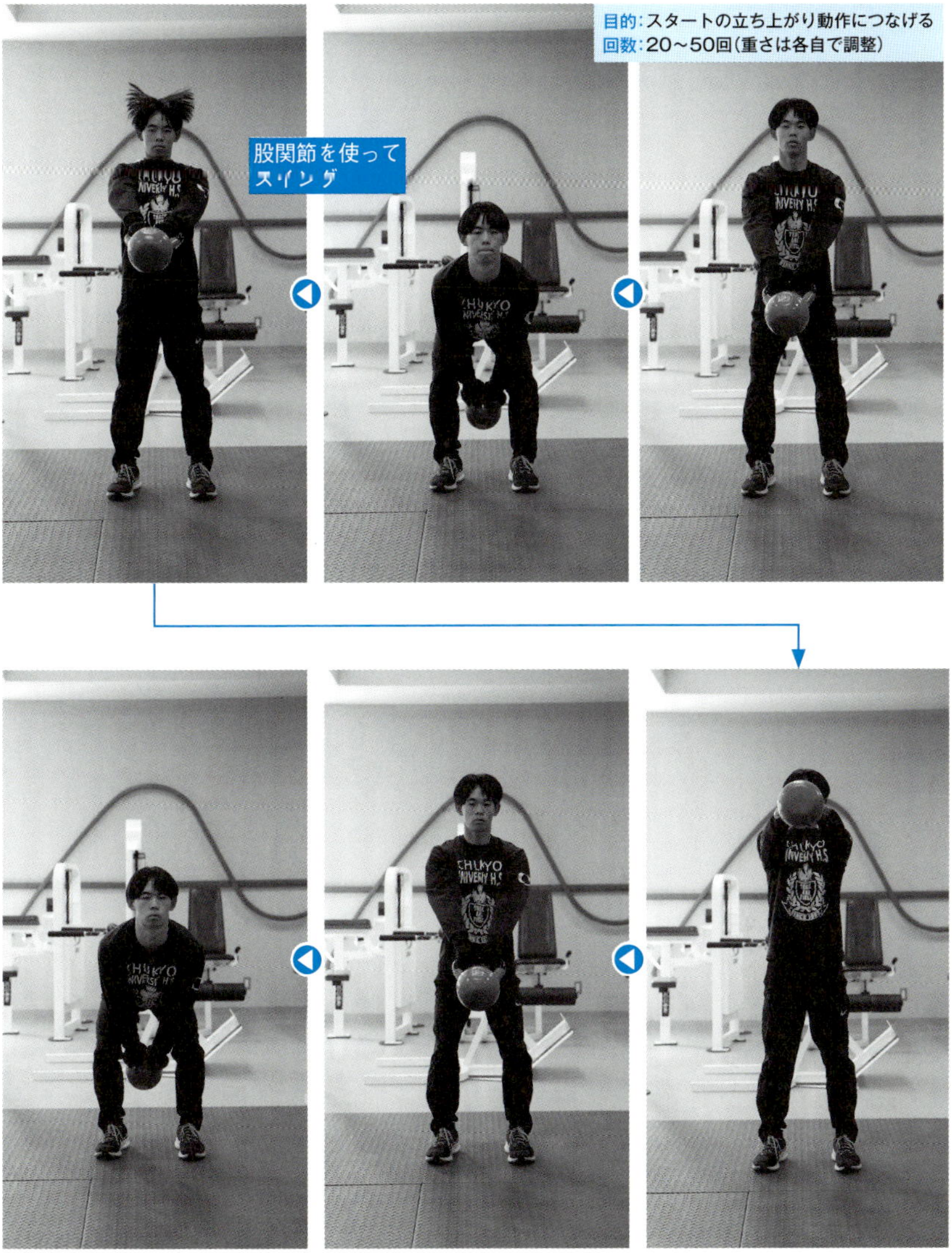

ケトルベルを両手で持ってスイングする。脚の間から開始。ケトルベルが膝のあたりにきたら、素早く立ち上がる。動きが遅いと、ケトルベルが膝より後ろにいくので注意する。膝と足先を連動させ、股関節を使ってスイングさせるのがポイント。ケトルベルの落下時は力を抜き、最下点の直前で股関節の伸展による立ち上がり、反動で持ち上がるようにコントロールする。スピードを高めて連続で行うことで、スタートの立ち上がり動作に連動するスピード練習と位置づける。ケトルベルは指に引っかけただけの状態で行う。

抱え込みジャンプ　Menu 70

足のプッシュ作用と地面からの反発を利用してジャンプする。空中では両腕を広げ、膝を折りたたむように曲げる。空中では足首を背屈させ直線的な軌道から頂点では臀筋作用で静止できるようにする。この動きの重心移動がハードルジャンプの連続となる。タバタプロトコル(56ページ)で行う場合は、20秒(10秒レスト)8回を目標とする。

「く」の字ジャンプ　Menu 71

ハンズアップした状態からジャンプする。手と脚を伸ばしたまま、空中で体をくの字に折りたたむ。背中をまっすぐに。上級者になると、左の写真のように足先にタッチできる。タバタプロトコルで行う場合は、20秒(10秒レスト)8回を目標とする。

10章

未来に伝えたい提言

陸上競技はトレーニング方法の変化、シューズやスパイクの進化によって、
著しく競技レベルが高まっている。選手たちには正しい動きを身につけてもらい、
陸上競技界にさらに発展していってほしい。

正しい動きや技術の理解を広めていくために

もも上げでは速くならない

陸上競技の短距離の練習では、昔からももを高く上げる「もも上げ」と呼ばれるスプリントドリルを多用してきた。もも上げを１００回以上、あるいは１００ｍなど、たくさんやれば速く走れるようになると指導を受けてきた人も多いのではないだろうか。ジュニア世代では現在でも、練習にもも上げを取り入れているのを目にするが、トップレベルの選手はまずやっていない。

このもも上げを中心としたドリルは、ポーランド人のスプリントコーチであるゲラルド・マック氏によって、「マック式スプリントドリル」として１９７０年代に日本に紹介され、たちまち普及した。マック氏が来日した際に実施した講習会で、引き付けドリル、もも上げドリル、膝下振り出しドリル、膝下振り戻しドリルなどが紹介され、その内容は専門誌にも掲載された。日本にはそれまで、体系化された練習方法がなかったため、参加した指導者たちはマック式スプリントドリルに目から鱗が落ちた思いだった。

しかし、マック氏が紹介した指導方法の日本語訳が不十分であったり、十分な解説がないまま写真のみが掲載されたりしたことで、ももを上げる動作や振り出す動作だけが広まってしまった。もも上げで速くなることはないのだから、日本のスプリントは停滞した状態が続き、そのうちにマック式スプリントドリルも効果がないといわれて衰退していった。

トラックに対して強い作用を与えれば、その力は反発として体に戻ってくる。その反動で、ももはある程度の高さまで上がる。ただ、結果的にももが上がるのであって、自ら上げにいくものではない。マック氏が伝えたかったのは、こういうことだったと推測されるが、日本で誤った解釈が広がってしまったのは残念である。

プッシュ理論で大きな変革期

80年代に入ると、カール・ルイス選手（アメリカ）が脚光を浴び、その走りが注目されるようになった。ルイス選手を指導していたトム・テレッコーチは、ももを高く上げるのではなく、「重心の真下に踏み込み、トラックをプッシュする」という理論を提唱した。

91年に東京で開催された世界選手権で、日本陸連のバイオメカニクス班が実施した研究の結果でも、もも上げや足関節の伸展動作をキックとして多用しても、疾走速度に関連性がないことが実証された。分析した大阪体育大学の伊藤章先生によると、ルイス選手やリロイ・バレル選手のような世界記録を樹立した選手よりも、日本人選手のほうが足首の伸展速度は速かったそうだ。もも上げの速度は日本の選手のほうが速いのに、それがスピードにつながっていなかったのだ。以降、疾走時はももをあまり上げず、乗り込む動作が重要なポイント

地面からの反発をもらえるようにプッシュする動きを身につける

として意識されるようになった。

テレッコーチが発した「PUSH（プッシュ）」の理論には、さまざまな議論が交わされた。しかし、ももを上げるという動作は、脚を地面に振り下ろし、大きな力を地面に伝えた反動によるものであって、意図的に上げるものではないということがわかると、日本のスプリントにも大きな変革期がやってきたのである。

もう一点、「地面を蹴って走る」という声も、指導現場ではよく聞かれる。高い疾走速度を得るには、地面に強い力を加えなければならない。また、足が地面から離れるときに、速度の高い選手ほど膝関節と足関節が伸展しないことも、分析により周知されているはずだ。

一方で速度が低い選手は、足が地面から離れるときに膝を曲げ伸ばしして地面を蹴るような動作をしている。足関節でも同じような現象が見られる。速度が高い選手は膝や足首を曲げ伸ばしせず、蹴るような動作もしていない。つまり、地面を蹴ったら、速く走ることはできないのである。「もっと地面を蹴って！」と声をかける指導者のいいたいことはわかるが、正しくはない。だからこそ、テレッコーチが提唱する〝PUSH〟の概念に踏み込んでいくことが求められるのだ。

選手の強みを見極める

私の指導者としての原点は、93年に渡米し、ヒューストン大学でテレッコーチから研修を受けたことだった。科学的要素、バイオメカニクス（生体力学）、物理学の法則に則って指導する重要性を学び、力学に関する書籍を読むなどして、重心のとらえ方や体の作用を自分なりに勉強し、指導に活かしてきた。実際にテレッコーチの練習を見るだけでなく、日本の陸上界が変わっていく経緯を体感しながらやってこられたことは、とても大きな経験であった。私の指導法は、究極的にはトラックをどうプッシュするか、どうプッシュできる体を形成させるかが出発点となっている。

指導者に求められるのは、他の指導者との連携をオープンに推し進めていきながら〝指導する選手の強み〟を見極め、再発見することだ。選手の強みを見出すためには、練習やトレーニングの方法を外部の視点から客観的かつ相対的に見直すことが必要である。

スポーツを取り巻く環境は、日々刻々と変化している。当たり前と思っていた考え方や練習方法がすでに時代遅れになっていて、ほかに優れた方法が認知されているケースも多々ある。それでも、自分にしかできない領域、またはそのときには自分の強みと言えないまでも、将来に向けてより価値を高められる領域を備えておくことが大切だ。変革を妨げるような習慣化や、その根源にある自前主義、さらには自分の指導が究極であるとの錯覚を見直すことで、指導する選手の可能性を引き出すことができる。

陸上が他競技のモデルになれば

陸上競技の記録は昨今、著しくレベルが上がっている。高校生の男子でいえば、１００ｍの10秒台は年間１０００人を超え、長距離でも、以前は高校生が５０００ｍを13分台で走るなど考えられなかったのが、珍しくなくなった。人間の体の構造は太古から大きく進化しているわけではないが、練習方法や走路の発展、シューズ、スパイクの技術革新が記録の向上に直結している。

選手の強みを見極めて適切な指導をしていくことが大事

走ることは、あらゆるスポーツの根源である。その走る動作が基本となる陸上競技のレベルがこれだけ上がったということは、他のスポーツのレベルも上がっているはずだ。陸上競技の記録の伸びが、他のスポーツにも大きな影響を及ぼすのではないかと、私は考えている。例えば、メジャーリーガーの大谷翔平選手のトレーニングや、盗塁の際に見せる前傾姿勢は、（陸上競技の）スプリント選手に通じる部分がある。陸上選手が日ごろから取り組んでいることが、注目度の高い野球界など、他の競技に浸透していくような状況をつくっていきたいと思う。

私は硬式野球の強豪である中京大中京高校に40年以上勤務していたので、野球が常に身近なところにあった。私自身も愛知県内の社会人野球チームで走りの面を指導しているが、野球のトレーニング方法にはプロも含めて大きな疑問を感じている。

野球界ではメジャーリーグで活躍する日本人選手たちがいる一方で、日本のプロ野球はメジャーリーグから引き離されている部分がある。日本野球界の発展のためにも、パワーやスピードなどの面で陸上競技がモデルになるよう発信していくことが、これからの私の夢である。

２０２４年3月に中京大中京高校を定年退職して以降、大学生や高校生の男子長距離など、愛知県内を中心にさまざまな選手の指導をするようになった。現在は主に、勤務する日本福祉大の学生を指導しているが、高校時代にきちんとした指導を受けてこなかった選手も見受けられる。

もともと人間の体に大差はないはずなのに、競技力に差が出るのは、中学、高校時代に体の使い方や技術的な部分が見過ごされてきたからだろう。今はインターネットの動画サイト等で視覚的に見て模倣することはできるが、根本的に何が大事なのかを理解していなければ、本当に必要な部分を身につけることはできない。

根源では何が大切なのか、正しい動きづくり、機能面の改善というものを多くの選手に理解してもらえるよう、導いていきたい。

〔参考文献〕

私の指導人生の中で参考にしてきた書籍の一部を紹介します。

- 『Sprints & Relays: Contemporary Theory, Technique and Training』(著・Jess Jarver／Tafnews)
- 『爆発的パワー養成プライオメトリクス』(著・ジェームス・C・ラドクリフ、ロバート・C・ファレンチノス／大修館書店)※ミュンヘン・オリンピック100m優勝者のボルゾフ選手が13秒台から10秒0までに至ったトレーニングとして紹介されている。
- 『Basic Track & Field Biomechanics』(著・Tom Ecker博士)※カール・ルイスの指導者として知られているトム・テレツコーチから紹介された。日本語訳『基礎からの陸上競技バイオメカニクス』(ベースボール・マガジン社)
- 『TRACK AND FIELD: TECHNIQUE THROUGH DYNAMICS』(著・Tom Ecker博士)。日本語訳『運動力学による陸上競技の種目別最新技術』(ベースボール・マガジン社)
- 『スポーツ・スピード——すべての競技者のためのスピード改善プログラム』(著・ジョージ・ディンティマン、ボブ・ワード／ベースボール・マガジン社)
- 『THE SCIENCE OF HURDLING』(著・Brent Mcfarlane／Athletics Canada)
- 『The Hurdler's Bible 2』(著・Wilbur L.Ross)
- 『強める！殿筋　殿筋から身体全体へアプローチ』(著・John Gibbons／医道の日本社)
- 『アナトミー・トレイン　徒手運動療法のための筋膜経線』(著・Thomas W.Myers／医学書院)
- 『陸上競技の力学』(著・G.ダイソン／大修館書店)
- 『鍛錬の理論:東洋的修行法と科学的トレーニング』(著・高岡英夫／恵雅堂出版)
- 『ドイツ民主共和国の陸上競技教程』(編集・G.シュモリンスキー／ベースボール・マガジン社)

その他、世界各国の陸上専門誌、研究誌に掲載されたトレーニングや技術論をまとめたもの。

用語集

- **アライメント**……安静時、動作時における骨格の配列。
- **一次加速**……静止状態からスタートして急加速する10～20mの区間。
- **腕反動**……腕を振る動作が反動となり推進力となる動き。
- **加速期**……スタートから最大速度に達するまで。
- **拮抗筋**……関節を曲げ伸ばしするとき、直接動作を起こす筋肉のことを主動筋と呼び、その反対の動きをする筋のこと。例:腕を曲げる動きは主動筋である上腕二頭筋が収縮。そのとき、反対側の上腕三頭筋は緩む状態。
- **屈曲**……関節を曲げること。
- **減速期**……速度が維持できなくなり徐々に減速する区間。
- **支持脚**……地面に接地しているほうの脚のこと。
- **シャトルラン**……スタートして決められた距離での折り返し走。
- **ジョグ**……歩行、ランニングの中間のスピードで余裕を持つ走り。
- **伸展**……関節を伸ばすこと。
- **スターティングブロック**……短距離走のスタート時に使用する器具。400mまでの競走において必ず使用しなければならない。
- **ストライド**……接地した足が地面から離れ次の足が接地する距離。
- **スプリント**……短い距離を全力で走ること。
- **タッチダウンタイム**……英語で着地、接地の意味。ハードルではスタートから1台目のリード足が接地するタイムがアプローチのタッチダウンタイム。2台目以降はハードルごとの着地したリード足で計測した区間タイム。
- **等速期**……最大スピードから減速させないでスピードを維持する期間。
- **二次加速**……スタートの加速をトップスピードにつなげる加速。
- **抜き脚**……ハードルを跳ぶときの踏切足で後ろから横に抜いてくる脚のこと。トレイルレッグとも呼ぶ。
- **バウンディング**……着地した足の反発を利用しながら大きく前に飛ぶ動作。
- **ハムストリング**……ももの裏側の筋肉。骨盤の坐骨結節から膝裏まで、3つの筋肉(大腿二頭筋、半膜様筋、半腱様筋)の総称。
- **フォア・フット**……シューズ裏の前側。スパイクではピンがある部分。
- **フット・プレート**……スターティングブロックで選手が足を置くところ。
- **フルフラット**……足裏全体のこと。
- **メディシンボール**……トレーニングで使用される、重量のあるボール。陸上競技のトレーニングで多く用いられるトレーニングアイテム。ダイナマックスというやや大きめのクッション性のあるボールもある。
- **遊脚**……地面から離れている滞空期の脚のこと。
- **ラップ**……特定の区間を通過するのに要した時間(タイム)のこと。
- **ランジ**……脚を前後に開いた姿勢で股関節や膝関節の曲げ伸ばしを行う筋力トレーニング種目。大腰筋を中心とした股関節筋群を鍛えることができる。このトレーニング動作開始姿勢をランジ姿勢と呼ぶ。
- **リード脚**……ハードルをクリアするために伸ばす先導脚のこと。
- **リカバリー**……休息により体を回復させること。
- **ローカル筋**……体の深部にある筋肉。いわゆるインナーマッスルのこと。

筋肉図

本文中に登場した主な筋肉の場所を筋肉図でチェック。意識して動かし、トレーニングできるようにしよう。（イラスト・丸口洋平）

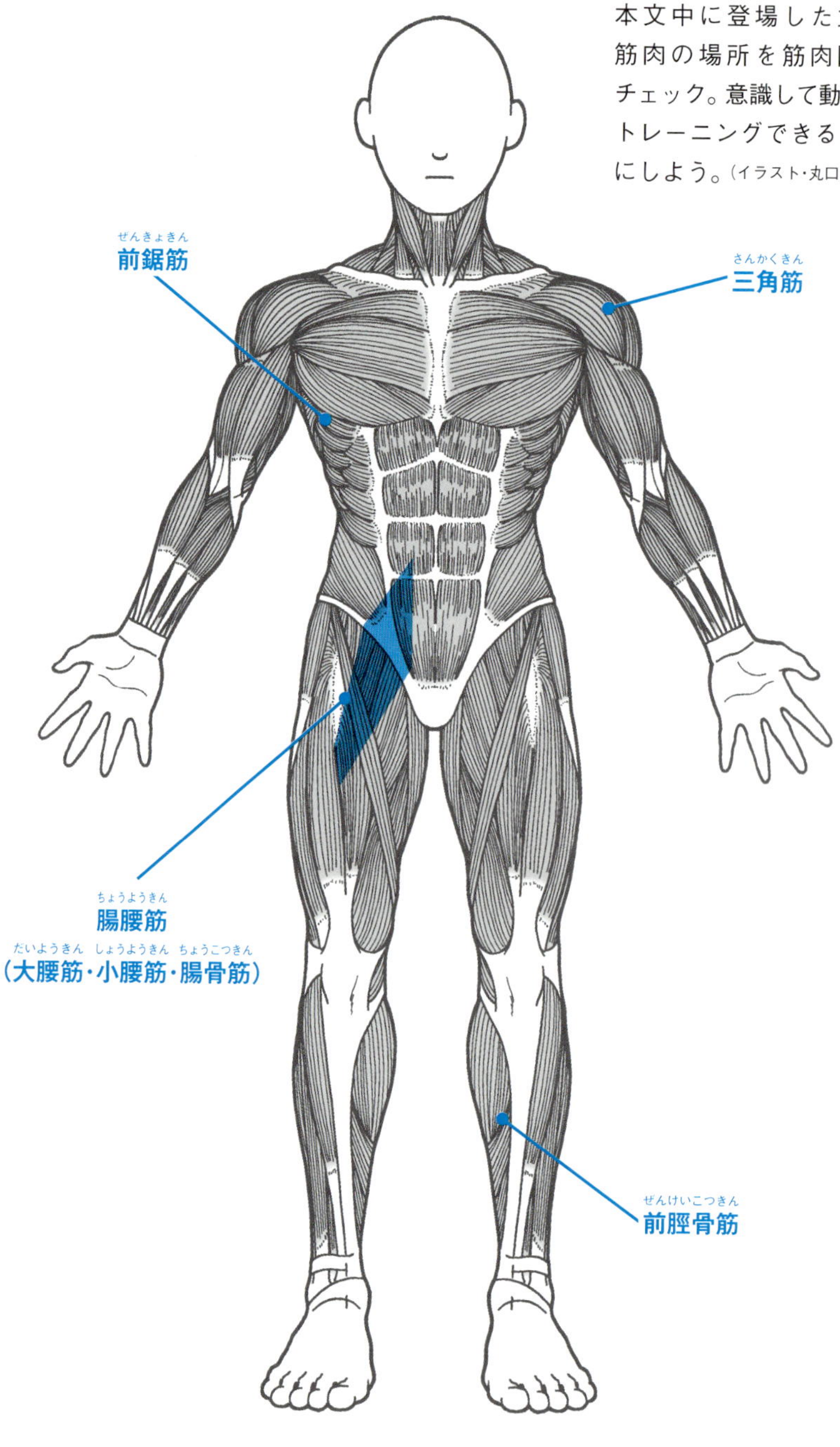

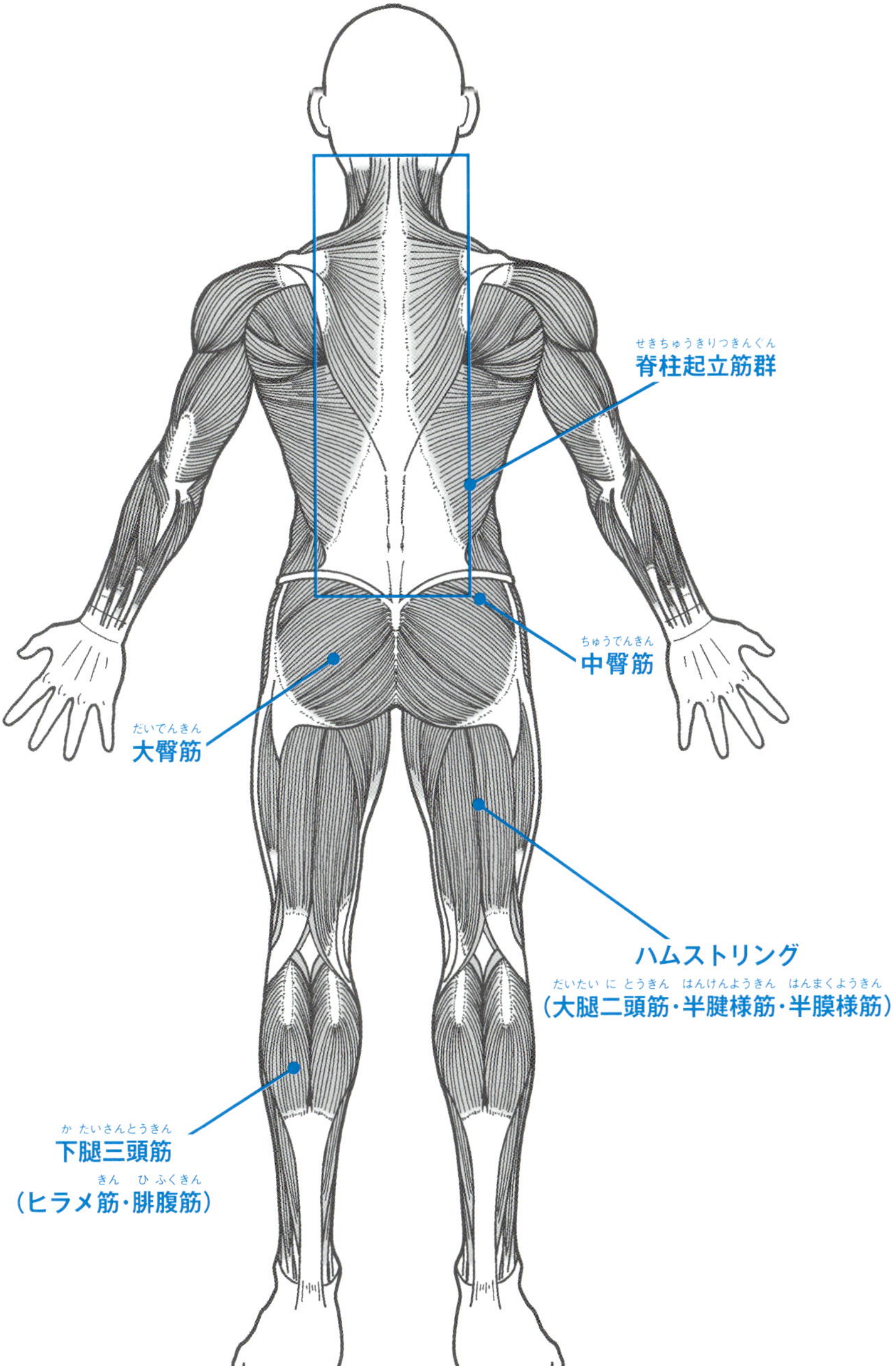
脊柱起立筋群《せきちゅうきりつきんぐん》
中臀筋《ちゅうでんきん》
大臀筋《だいでんきん》
ハムストリング
（大腿二頭筋《だいたいにとうきん》・半腱様筋《はんけんようきん》・半膜様筋《はんまくようきん》）
下腿三頭筋《かたいさんとうきん》
（ヒラメ筋《きん》・腓腹筋《ひふくきん》）

おわりに

最後に本書にモデルとして協力してくれた選手を紹介します。

藏重みう選手。名古屋市で生まれ、山口県で育ちました。山口大学教育学部附属光中学時代は全国中学100mで準決勝進出。高校では日本一を目指すため母親の実家がある名古屋の中京大中京高校に進学しました。誇り高く優れた知性を持ち、自身への動機づけができる選手です。藏重選手にとってスプリント競技は単なるスポーツではなく、人生の意義ある期間として競技に臨んでいます。スプリンターでない自分は考えられないくらいに競技に取り組んでいます。日常生活で藏重選手にとっていい日だったかどうかは、スタート練習でどれだけいいスタートができたかどうかで決まっていたくらいです。指示された練習を素直に受け入れ、繰り返しできるまで継続できる素質を有し、常にコーチとディスカッションしながらスタート技術の追求とスピード持続できる動きの機能改善に取り組み、インターハイでは100mと4x100mリレーで優勝しました。甲南大学進学後全日本インカレで100m優勝、4x100mリレーでは日本選手権で優勝しています。

林美希選手。愛知県TSM岡崎所属で4種競技中学日本記録を樹立しました。高校入学前の室内大会で肉離れを起こしたことで、入学後はケガを回避する機能改善のトレーニング中心に取り組みました。大会での目標を達成するためには目的と形式が必要なように、練習にも目標と形式があり、継続してトレーニングを行うことができる素質です。高校時代は機能面の改善に取り組み、正しい姿勢で一つひとつ動作を丁寧に繰り返しトレーニングして、その力をレースで再現化できることで高いアベレージの記録を残すことができました。課題としていた加速力も臂筋作用でパワー発揮することで最大スピードが向上し、故障しない体となりました。柔軟性とバランス力が優れており、7種競技では特別な種目練習をしないなか、100mHと合わせインターハイ、U20日本選手権2連覇を成し遂げました。その他、数多くのタイトルを獲得しています。

男子のモデルとなった向井悠汰選手は身体的に恵まれず、中学時代の実績もなく、自己推薦で入学してきた選手です。股関節の伸展パワーを引き出すトレーニングを中心に強化して最大スピードを上げ、持続させる力を持ちインターハイでは200mで第2位、U20日本選手権は第3位でした。スプリンターはいったいなぜ速く走るためだけに、報酬もなく時間と費用を費やし大きい犠牲を払うのでしょうか。スプリントはスポーツであると同時にスピードによる根源的な快感を求めているものなのです。スプリント選手としての自尊心も、エリートチームの一員として大会に出場することも、自分がどれだけ速く走れるかにかかっています。この根源的な走りを追求してきたのが向井選手なのです。

2025年2月　北村 肇

北村 肇

きたむら・はじめ

元・中京大中京高校陸上競技部監督／現・日本福祉大学陸上競技部監督。

現役時代は 400 mハードルでインターハイ 4 位などの実績を持ち、早稲田大学卒業後、母校・中京大中京高校の教員となり、陸上競技部での指導キャリアをスタート。2024 年に定年退職するまで、インターハイ総合優勝多数。数多くのトップクラスの選手を育成してきた。2024 年 4 月より日本福祉大学陸上競技部の総合コーチ、2025 年春より監督に就任。

［モデル］
写真左から、
藏重みう（甲南大学）、
林美希（早稲田大学）、
向井悠汰（東洋大学）

名将《めいしょう》の教《おし》え　陸上競技《りくじょうきょうぎ》

スプリント力《りょく》を高《たか》める北村肇《きたむらはじめ》メソッド

2025年2月28日　第1版第1刷発行

著　　者　北村《きたむら》　肇《はじめ》
発 行 人　池田哲雄
発 行 所　株式会社ベースボール・マガジン社
〒103-8482 東京都中央区日本橋浜町 2-61-9　TIE 浜町ビル
電　　話　03-5643-3930（販売部）
03-5643-3885（出版部）
振替口座　00180-6-46620
https://www.bbm-japan.com/

印刷・製本　広研印刷株式会社

Printed in Japan
ISBN978-4-583-11678-5　C2075